大数据环境下档案管理与服务研究

陈晓楠　崔琳琳　周怡然◎著

吉林出版集团股份有限公司
全国百佳图书出版单位

图书在版编目（CIP）数据

大数据环境下档案管理与服务研究/陈晓楠，崔琳琳，周怡然著. -- 长春：吉林出版集团股份有限公司，2024.7. -- ISBN 978-7-5731-5353-1

Ⅰ. G271

中国国家版本馆 CIP 数据核字第 2024SJ4174 号

大数据环境下档案管理与服务研究
DASHUJU HUANJING XIA DANGAN GUANLI YU FUWU YANJIU

著　　者	陈晓楠　崔琳琳　周怡然
责任编辑	蔡宏浩
装帧设计	万典文化
开　　本	787 mm× 1092 mm　1/16
印　　张	6.75
字　　数	120 千字
版　　次	2025 年 3 月第 1 版
印　　次	2025 年 3 月第 1 次印刷
出　　版	吉林出版集团股份有限公司
发　　行	吉林音像出版社有限责任公司
	（吉林省长春市南关区福祉大路 5788 号）
电　　话	81629679
印　　刷	吉林省信诚印刷有限公司

ISBN 978-7-5731-5353-1　　定　　价　72.00 元

如发现印装质量问题，影响阅读，请与出版社联系调换。

PREFACE 前　言

　　大数据技术的迅速发展，使信息处理能力呈现爆发性增长，为档案管理与服务领域带来了前所未有的机遇和挑战。这一趋势的涌现使档案工作者在信息管理的使命中迎来全新的篇章。我们目睹着从传统档案管理向智能化、数据驱动的演进，这不仅提高了管理效能，还使档案的应用领域得到了拓展，影响着社会的信息化进程。档案工作者在大数据时代面临着新的使命，即从海量数据中提炼出有价值的信息。大数据不仅意味着数据量的增多，还强调了数据的深度分析和挖掘。档案不再只是简单地存储和记录，而是通过大数据技术实现对信息的更深层次理解，挖掘潜在价值，为决策提供更精准的支持。档案工作者需要具备更多的信息科技专业知识，以应对这一新时代的需求。大数据的兴起伴随着一系列挑战，其中比较突出的是数据隐私和信息安全问题，随着数据的不断积累，如何保护档案中的敏感信息，确保数据不被滥用或泄露，成为亟待解决的难题。这要求档案工作者在追求信息开放和共享的同时，必须建立健全的隐私保护机制，确保档案管理与服务的可持续性和信誉度。

　　本书的研究动机源于对档案管理与服务领域的深切关注，同时也迫切回应了大数据时代对这一领域提出的新问题。我们深知档案管理不再是一个孤立的领域，而是与信息科技、大数据密切相连，需要综合运用跨学科的知识。因此，我们的目标是通过深入研究，为档案工作者、信息科技专业人员和相关领域的决策者提供可行的解决方案，推动档案管理与服务更好地适应大数据时代的要求。在这一研究过程中，我们将探讨如何利用大数据技术，使档案管理更智能高效，为社会信息化进程提供更强有力的支持。我们将关注档案工作者在面对海量数据时的技术挑战，分析大数据对档案服务模式的影响，如何在保障数据安全的前提下，实现信息的广泛共享。通过这一研究，我们希望为档案管理与服务领域的发展指明方向，促使档案事业更好地融入信息时代的潮流中。

作　者

2023 年 1 月

CONTENTS 目 录

目 录 CONTENTS

第一章　大数据背景下的档案管理概述

第一节　大数据对档案管理的影响

一、大数据

（一）大数据的定义

大数据，又称巨量资料，是指数据量规模巨大到难以通过人脑或传统软件工具，在合理时间内有效地提取、管理、处理和整理，以用于更积极地支持企业经营决策的信息。随着数字化时代的到来，我们生活、工作和社交的方方面面都产生了大量数据，这些数据源自社交媒体、智能设备、传感器技术、交易记录、互联网使用，等等。大数据不仅数据量庞大，还具有多样性、高速性和价值密度。传统软件和数据库技术已经不再适用于处理这种海量、高速、多样的数据流。

大数据技术的应用涉及多个领域，在企业界，大数据分析已经成为企业战略决策的重要支持工具。通过分析大数据，企业能够更好地了解消费者需求、市场趋势和竞争对手动态，从而制定更加精准和灵活的经营策略，例如，零售行业利用大数据分析消费者购买行为，定制个性化推荐，提高销售效率和顾客满意度；金融领域利用大数据进行风险管理和诈骗检测，以保障金融安全；医疗健康领域利用大数据分析医疗记录，进行疾病预测和个性化治疗。大数据的挖掘和利用也面临诸多挑战，数据的质量、隐私保护、安全性、合规性等问题是需要被认真对待的。随着数据量的不断增长，数据存储、处理和分析的成本也在增加，对硬件和软件技术提出了更高的要求。

大数据技术的发展也带来了新的机遇和趋势，机器学习、人工智能和深度学习等技术与大数据的结合，使得数据分析和预测能力更加强大。边缘计算和物联网技术的发展，使得数据的收集和处理更加智能化和自动化。大数据不仅是数据量的堆积，还对信息处理能力、数据管理技术和决策支持系统的挑战和革新。有效利用大数据，对企业而言意味着更好的决策、更高的效率和更好的竞争优势。需要谨慎处理大数据带来的隐私和安全问题，并持续关注技术发展的新趋势，以更好地应对未来的挑战和机遇。

（二）大数据的类型

大数据的类型多种多样，涵盖了从结构化到非结构化以及半结构化数据的多种形式。结构化数据是以明确定义的数据模式和格式存储的信息，这类数据通常以表格的形式存在，便于用关系型数据库管理和处理，例如，传统的数据库中存储的表格数据、关系数据以及数字化的信息等都属于结构化数据，它们易于组织和分析，包括数字、日期、时间、电话号码、地址等信息。非结构化数据是指不遵循明确结构的数据，没有固定的格式和组织方式，这类数据难以用传统的数据库进行管理和处理，非结构化数据的类型包括文本数据、图像、音频、视频文件等。社交媒体上的用户评论、电子邮件内容、网络文章和照片等都属于非结构化数据。半结构化数据介于结构化数据和非结构化数据之间，具有部分结构化的特征，但不符合传统的关系型数据库模式，这类数据通常包含标签、标记或者键值对等结构元素，但整体上不具备严格的结构，XML 文件、JSON 数据、HTML 文件等就是半结构化数据的典型例子。时间序列数据是按照时间顺序记录的数据集合，这类数据通常包括时间戳和相关指标的值，如气象数据、股票价格、传感器数据、日志文件等。时间序列数据有其特定的分析方法和模型，用于预测趋势、识别周期性变化以及进行时间相关性的分析。

空间数据关注地理位置信息和空间分布，描述了地理位置和地理特征之间的关系。地理信息系统（GIS）中的地图数据、卫星图像、位置数据（如 GPS 数据）等都属于空间数据。这类数据通常用于地图制作、地理分析、地理空间建模等领域。生物医学数据包括来自医疗保健领域的数据，涵盖医疗记录、患者健康数据、基因组学数据、生物成像数据等，这些数据对于医疗研究、疾病诊断、药物开发等方面具有重要意义。金融数据包括金融交易记录、股票市场数据、经济指标、货币汇率等，这些数据对于金融机构的风险管理、投资决策以及市场分析至关重要。社交媒体数据包括来自各种社交平台的数据，这些数据包括用户生成的内容、互动行为、评论和分享等，对于了解用户行为、进行市场营销和情感分析有重要价值。大数据的类型非常多样，涵盖了多种不同来源、不同形式的数据，这些数据类型各具特点，需要不同的处理和分析方法以发挥其价值。

（三）大数据的特点

大数据的特性包含了数据量庞大、多样性、高速性、真实性、价值密度和复杂性，构成了对企业和机构而言既是挑战又是机遇的重要因素，这些特征为商业领域带来了全新的前景和潜力，但也需要运用先进的技术和方法来充分利用这些数据资源，以获取有价值的信息和见解，从而推动业务发展和创新。大数据的数据量庞大是显而易见的特点，数据源源不断地从各个渠道涌入，来自社交媒体、传感器、交易记录等，这巨大的数据规模挑战着传统数据处理技术的极限，存储、管理和处理这么庞大的数据量需要强大的计算能力和存储设备，企业需要不断寻求创新的解决方案以应对这一挑战。

大数据的多样性使得数据处理变得更加复杂，这种多样性体现在数据类型的不同，包括结构化数据（如数据库中的表格数据）、非结构化数据（如文本、图像、音频、视频等）以及其他形式的数据，还有时间序列数据、地理空间数据等多种类型，这种多样性要求企业具备更灵活和全面的数据处理能力，能够整合和分析各种类型的数据以获取更全面的信息。高速性也是大数据的一个特征，数据以极快的速度产生和传播，例如传感器数据、社交媒体信息等源源不断地生成，这种高速数据产生对于实时决策和分析至关重要。企业需要拥有能够即时捕获和处理这些数据的技术和工具，以实现实时分析和应对迅速变化的环境。

大数据的真实性也是一项重要的考量，数据来源多样，其中包含大量的噪音、错误或不准确的信息。确保数据的准确性和可信度是数据分析和决策的关键，因此，数据质量的管理和验证变得尤为重要，需要利用先进的技术和方法来确保数据的准确性和可信度。价值密度是大数据的一个关键特点，在海量数据中隐藏着丰富的信息和潜在价值，通过分析大数据，企业可以发现新的商业机会、了解消费者行为、优化业务流程等，这些数据中蕴含的价值可能对企业的发展和竞争力具有决定性的影响。

大数据的复杂性使得数据处理和分析变得困难，数据的多样性和量级使得对数据进行整合、清洗和分析变得复杂而繁琐。对于企业来说，需要不断创新和改进数据处理和分析的技术和工具，以更好地利用大数据来推动业务发展和创新。大数据所带来的挑战与机遇并存，面对数据量庞大、多样性、高速性、真实性、价值密度和复杂性等特征，企业需要不断探索和应用先进技术和方法，才能更好地利用大数据，获取有价值的信息和见解，并在激烈的市场竞争中保持竞争优势。

（四）大数据的作用

大数据在当今社会和商业领域中扮演着至关重要的角色，其作用涵盖多个方面，对于企业、科学研究、医疗保健、社会分析等领域都具有深远的影响。大数据为企业提供巨大的商业机遇，通过分析海量数据，企业可以更深入地了解消费者的需求和行为模式，使得企业能够制定更具针对性的营销策略、推出更符合市场需求的产品，并优化供应链和服务体验。大数据的分析还可以帮助企业预测市场趋势、优化运营流程、降低成本并提高效率，从而提升竞争力。

大数据在科学研究领域发挥着重要作用。科学家可以利用大数据进行深入的研究，发现新的模式和关联性，从而推动科学领域的进步，例如，在天文学中，大数据分析帮助科学家发现宇宙中新的星体和宇宙现象。在生物医学领域，大数据分析可以帮助科学家了解疾病的发病机理、发现新的药物和治疗方法。

在医疗保健领域，大数据有助于实现个性化医疗，通过分析大量患者的医疗记录和基因数据，医生可以为患者提供更精准的诊断和治疗方案；大数据还有助于预测疾病暴发、监测流行病传播以及改善医疗保健服务。社会分析是另一个领域，大数据发挥了重要作用，政府和社会科学家利用大数据来了解人们的行为和趋势，以制定更有效的政策和社会管理措施。在城市规划中，大数据分析可以帮助优化交通系统、改善基础设施和提高城市生活质量。

大数据也在科技领域取得了重大突破，在人工智能和机器学习领域，大数据是培训和发展算法的关键，通过大数据训练的模型可以识别图像、语音、自然语言处理等，推动了智能技术的快速发展。大数据的作用是为各个领域提供前所未有的信息和见解，为企业提供商机和竞争优势，也在科学、医疗保健、社会分析和科技领域产生了深远的影响。大数据的有效利用对于推动创新、解决挑战和改善生活质量具有重要意义。

大数据是信息产业持续高速增长的新引擎面向大数据市场的新技术、新产品、新服务、新业态会不断涌现。在硬件与集成设备领域，大数据将对芯片、存储产业产生重要影响，还将催生一体化数据存储处理服务器、内存计算等市场。在软件与服务领域，大数据将引发数据快速处理分析、数据挖掘技术和软件产品的发展。大数据利用将成为提高核心竞争力的关键因素各行各业的决策正在从"业务驱动"转变"数据驱动"。对大数据的分析可以使零售商实时掌握市场动态并迅速做出应对可以为商家制定更加精准有效的营销策略提供决策支持，可以帮助企业为消费者提供更加及时和个性化的服务：在医疗领域，可提高诊断准确性和药物有效性；在公共事业领域，大数据也开始发挥促进经济发展、维护社会稳定等方面的重要作用。

大数据时代科学研究的方法手段将发生重大改变，例如，抽样调查是社会科学的基本研究方法。在大数据时代，可通过实时监测、跟踪研究对象在互联网上产生的海量行为数据，进行挖掘分析，揭示出规律性的东西，提出研究结论和对策。

二、档案管理概述

每一种管理都是在社会分工的基础上和满足社会需求的过程中逐渐产生和发展起来的。管理活动的内容、结构、规模及社会功能会随着社会、经济、文化、技术等各方面的变革而不断地变化和调整。档案管理活动从产生到地位的确立，再到改革发展的每一个历程，都是在社会变革发展的过程中完成的，并被深深地打上了时代发展的烙印。大数据不同于现有的档案信息化工作，大数据档案的管理是档案工作者面临的新课题。

管理活动的演变与发展确实是社会分工和满足社会需求的结果，档案管理作为一种管理形式，在历史上经历了不断的变革和发展，其内容、结构以及在社会中的功能也受到了各种因素的影响。随着社会政治、经济、文化和技术等方面的变革，档案管理活动也随之变化和调整。这些变革在档案管理中留下了明显的烙印，档案管理的方法、技术和实践不断地适应和应对社会变革，以更好地服务社会的需求和实际。

特别是在当前的大数据时代，档案管理面临了全新的挑战和机遇，传统的档案信息化和管理方式已经无法满足大数据时代的需求。大数据档案管理需要档案工作者具备更多的技能和专业知识，以应对大数据环境下海量、多样化和高速增长的数据挑战。档案人员需要认清大数据时代给档案管理带来的挑战与机遇，积极主动地应对这些挑战，他们需要不断学习和更新知识，掌握大数据管理的技术和方法，以更好地服务于党政机关、企事业单位和社会公众。档案管理者在大数据时代也需要更加灵活、创新地思考和行动，以更好地发挥档案管理在党管档案、国家守史和为民服务等方面的重要作用。档案管理作为一个重要的管理领域，随着时代变迁而不断进步和演变。在大数据时代，档案管理者需要积极适应新的技术和环境，从而更好地适应社会需求，为社会的发展和进步作贡献。

三、大数据时代对档案管理的影响

（一）大数据时代给档案管理工作带来挑战

数据时代给档案管理工作带来了许多挑战，需要档案管理者不断更新知识、适应新技术、加强安全管理、提升数据分析能力以及遵守法规合规要求，以更好地管理和利用大数据，并确保档案工作的顺利运行。

1. 增加了管理的数据量和多样性

传统档案管理往往侧重于纸质文档或电子文档的储存，但大数据时代，数据量巨大，需要更大存储空间，档案管理人员需要寻找高效、安全、可靠的存储方案，例如云存储或分布式存储系统，以满足数据的存储需求。传统档案管理处理较小规模的数据，而大数据需要更强大的处理能力。处理大规模数据需要高性能的计算机和处理器，以及相应的数据处理和分析工具。档案管理人员需要掌握这些新技术，以更有效地处理大数据。大数据可能来自不同的来源，如传感器、社交媒体、互联网等，数据类型和格式千差万别。档案管理人员需要处理来自不同渠道和不同格式的数据，并且理解如何转换、整合和标准化这些数据，以便进行更好的管理和分析。

传统档案管理可能更注重规范和统一的管理方式，但大数据的复杂性和多样性需要更灵活的管理方式。档案管理人员需要采用更灵活的方法来组织、分类和管理这些多样化的数据，以适应不断变化的数据结构和格式。随着大数据的涌现，数据安全和隐私保护变得重要。档案管理人员需要采取更严格的安全措施，确保数据不被未经授权地访问和泄露。大数据时代给档案管理带来了巨大的挑战，需要档案管理人员具备更多的技能和知识，包括更强大的存储和处理能力、对多样化数据格式的理解和应对能力，以及更灵活和安全的管理方式。适应大数据环境，对档案管理提出了更高的要求，需要不断学习和更新技术，以更好地管理和利用大数据。

2. 处理能力需求增加

传统档案管理着重于处理相对较小规模的数据集合，大数据时代的数据规模巨大，需要更强大的处理能力。大规模数据的处理要求高性能的计算机和处理器，以及专门针对大数据处理和分析的工具和技术。档案管理人员在面对大数据时，需要掌握这些新技术，以更有效地处理数据，他们需要学习并适应使用各种数据处理工具和技术，包括并行处理、分布式计算、云计算以及数据挖掘和机器学习等方面的知识。了解数据存储和处理的实践，掌握数据处理和分析工具，例如 Hadoop、Spark、Python 等，对于档案管理人员来说至关重要，这些新技术的掌握可以使档案管理人员更好地管理、分析和利用大数据，为机构和社会提供更具价值的信息和见解。

3. 需更加注重规范和统一的管理方式

大数据可能来自不同的来源，如传感器、社交媒体、互联网等，数据类型和格式千差万别。档案管理人员需要处理来自不同渠道和不同格式的数据，并且理解如何转换、整合和标准化这些数据，以便进行更好的管理和分析。传统档案管理可能更注重规范和统一的管理方式，但大数据的复杂性和多样性需要更灵活的管理方式。档案管理人员需要采用更灵活的方法来组织、分类和管理这些多样化的数据，以适应不断变化的数据结构和格式。

4. 需要采取更严格的安全措施

大数据时代的兴起给数据安全和隐私带来了迫切的关注和挑战。在处理大规模数据的过程中，档案管理人员必须优先考虑和实施更严格的安全措施，以确保数据不会被未经授权地访问或泄露。档案管理人员需要采用多层次的安全措施来保护数据，包括加强物理安全措施，例如，保护存储设备和服务器的物理访问，以及加强网络安全，例如，设置防火墙、加密数据传输和建立安全访问控制机制。通过实施权限管理和访问控制策略，限制数据的访问范围，并定期审查和更新这些控制措施，以确保数据只能被授权人员访问。

档案管理人员需要关注数据传输和存储的安全性，采用加密技术保护数据在传输过程中的安全性，确保数据在传输过程中不被窃取或篡改。另外，在数据存储方面，使用加密技术和安全的存储设备，确保数据存储在受保护的环境中，防止数据被非法访问或窃取。档案管理人员还应建立健全的安全意识和培训机制，员工需要接受关于数据安全和隐私保护的培训，了解安全政策和实践，并且意识到数据安全对整个组织的重要性。定期进行安全审查和演练，以检验安全策略的有效性，并及时调整和改进安全措施。

监控和应对安全威胁也是档案管理人员需要关注的重点。建立实时监控系统，及时检测和识别潜在的安全威胁，采取及时有效的应对措施，防止数据泄露和损失。随着大数据的兴起，数据安全和隐私保护对档案管理工作变得尤为关键，档案管理人员需要采取多层次的安全措施来确保数据的安全性，包括物理安全、网络安全、权限控制、加密技术、员工培训以及安全监控和应对措施，以应对不断增长的安全挑战。

（二）大数据时代给档案管理工作带来新机遇

1. 提供更多的数据来源和素材

在大数据时代，档案管理人员面临着前所未有的数据量和多样性，为其提供更丰富的数据来源和素材。这些海量数据不仅包括了传统的档案资料，还涵盖了来自社交媒体、传感器、科研机构、政府部门等各个领域的数据。这一丰富的数据资源为档案管理人员带来了新的机遇和挑战。

（1）档案管理人员可以利用大数据进行更深入的分析，这对于研究历史、社会趋势和文化传承至关重要。通过对大数据的挖掘和分析，他们能够更全面地了解过去的事件、社会发展的轨迹以及文化传统的演变。他们可以分析社交媒体上的讨论和观点，以了解人们对于特定历史事件或文化现象的看法和态度。这种分析有助于深入挖掘历史和文化的内涵，推动历史研究和文化传承的进程。

（2）利用大数据进行跨领域的交叉分析也是档案管理人员的一项重要任务。大数据涵盖了多个领域的信息，档案管理人员可以将不同来源的数据进行整合分析，探索不同领域之间的关联和相互影响。这种跨领域的分析有助于揭示历史与社会、文化与科技之间的内在联系，为知识的创新和发展提供更多可能性。对大数据的深入研究和分析，档案管理人员可以发现并理解隐藏在数据背后的规律和趋势，其不仅能够提供更全面的历史和社会认知，还能为未来的研究和决策提供重要的参考。大数据的分析能力有助于档案管理人员更好地服务于公众和社会，促进历史、文化和社会知识的创新和发展。

（3）大数据时代为档案管理人员提供丰富的数据资源，利用这些海量数据进行更深入的分析有助于研究历史、社会趋势和文化传承。这种分析促进了知识的创新和发展，为档案管理领域的进步和社会的发展提供新的思路和方法。

2. 提高效率和优化管理

（1）大数据技术的应用为档案管理带来了更高效的管理模式和工作流程。通过自动化、智能化的数据处理和管理工具，档案管理得以更加高效地实现。

（2）大数据技术提供强大的数据处理能力。利用大数据技术，档案管理人员可以更快速地处理和整理海量的档案数据。自动化处理工具能够实现数据的快速分类、整合和清洗，从而使数据准备阶段更为高效，为后续的管理工作提供更好的数据基础。

（3）大数据技术提供了更智能的检索和共享方式。通过数据分析和智能搜索算法，档案管理系统可以更精准地实现检索，快速定位所需档案，提高检索效率。智能化的共享平台使得档案资源更便捷、更可靠地共享给需要的用户或组织，提升了档案利用率和共享效果。

此外，大数据技术的应用促进了档案存储方式的优化。基于大数据技术的存储解决方案能够提供更高效的数据存储和管理，使得档案的存储更加可靠、安全，并且能够满足不断增长的数据容量需求。云存储等新型技术不仅提升了档案数据的备份和安全性，还加速了数据的访问和共享。大数据技术还推动了档案管理平台的智能化和个性化发展，通过数据分析，档案管理系统可以根据用户需求和偏好，为用户提供定制化的服务和体验。这种个性化服务有助于提升用户满意度，促进档案管理的全面发展。大数据技术的应用为档案管理带来了更高效的管理方式。通过自动化、智能化的数据处理和管理工具，档案管理实现了更便捷、更可靠的存储、检索和共享方式，为档案管理的工作效率和质量提供有力支持，为档案资源的充分利用和共享创造了更有利的条件。

3. 挖掘历史和文化价值

（1）大数据在挖掘和呈现历史文化方面具有巨大的潜力。通过大数据分析，档案管理人员和历史学者能够深入探索历史事件、文化遗产和传统价值，从而促进文化遗产的保护和传承。大数据分析可以提供更广泛的历史视角，通过整合多来源、多样化的历史数据，包括书籍、文献、考古发现、文物、档案资料等，档案管理人员可以获得更全面和多维度的历史信息。这种多视角的数据分析有助于揭示历史事件的多面性和多样性，更好地理解历史背后的文化内涵和社会发展。

（2）大数据分析提供更深入的文化遗产保护途径。通过分析大量的文化遗产数据，如历史文献、艺术品、建筑遗迹等。档案管理人员可以识别出潜在的文化遗产保护重点，推动对文化遗产的保护和修复工作，同时，数据分析可以提供更多元的保护策略，帮助制定更加科学和有效的文化遗产保护规划。大数据分析有助于传统价值观的传承和传播。通过分析历史数据和文化遗产，可以挖掘和呈现传统价值观的渊源和发展过程，有助于将传统价值观融入当代社会，促进传统文化的传承和发展。通过数字化和虚拟化技术，档案管理人员可以将文化遗产呈现给更广泛的受众，推动传统价值观的传播和认知。

（3）大数据分析为历史文化研究提供新研究方法和思路。基于大数据分析的历史研究可以深入挖掘历史事件和文化现象的本质规律，为历史研究提供新的视角和方法论。这种新的研究思路有助于历史学者更全面、更深入地理解历史文化，并为学术界的历史研究提供更多启示。（4）大数据分析为挖掘和呈现历史文化的丰富价值提供新机遇和可能性。通过更全面、深入的数据分析，可以更好地理解历史事件、文化遗产和传统价值观，促进文化遗产的保护和传承，推动历史文化的发展和传播。

4. 创新档案管理模式

（1）大数据技术的应用催生了档案管理领域的创新模式和业务模式。利用大数据分析，档案管理人员能够提供个性化和定制化的服务，以满足不同用户群体的多样化需求。

（2）大数据分析可以帮助档案管理实现个性化服务。通过分析用户的使用习惯、检索偏好和需求特点等数据，档案管理系统能够提供个性化的服务。例如，根据用户的历史检索记录和兴趣偏好，智能搜索系统可以推荐相关档案，为用户提供更精准和个性化的检索结果。这种个性化服务能够提高用户体验，满足用户需求。

（3）大数据技术促进了档案管理业务的定制化发展。档案管理人员可以基于大数据分析，为不同用户群体提供定制化的档案管理方案，例如，对于学术研究机构，可以提供专门针对研究需求的定制化档案服务，满足其特定的数据存储、检索和分析需求。而对于企业机构，可以根据其业务特点，提供定制化的档案管理解决方案，帮助其高效管理和利用企业档案资源。（4）大数据分析支持档案管理的精细化运营。通过数据分析和预测技术，档案管理人员能够更好地了解档案资源的使用情况和需求趋势，从而进行更精准的资源配置和管理。这有助于提高档案资源的利用率，减少资源浪费，提升档案管理的运营效率和管理水平。

（5）大数据技术推动档案管理平台的智能化发展。利用大数据分析技术，档案管理系统可以实现更智能的数据处理和管理，例如，通过机器学习算法，系统能够不断优化数据管理流程和检索模式，提高系统的智能化程度，满足用户日益增长的个性化需求。大数据技术的应用催生了创新的档案管理模式和业务模式，通过大数据分析，档案管理人员能够为用户提供更为个性化、定制化的服务和管理方案，提升用户体验，满足不同用户群体的需求，同时推动档案管理行业的发展和进步。

第二节　大数据时代档案的特征与挑战

一、大数据时代档案的特征

（一）数据量巨大

大数据时代带来了档案管理领域的巨大挑战，其中之一便是庞大且多样化的数据，这些数据包含了各种来源和类型的信息，如传统档案、数字化资料以及网络信息，使得档案管理面临着前所未有的存储、处理和管理问题。大数据时代档案数量的急剧增加是一大挑战，以往，档案管理可能更多地关注传统纸质档案，但随着数字化转型和网络信息的大量涌现，数据量迅速扩大，超出了传统档案管理的范畴，使得档案管理面临着海量数据的存储和管理压力。

这些数据的来源和类型多样化，增加了数据处理的复杂性，传统档案管理的工作主要围绕纸质档案，而如今数字化档案、网络信息等多种类型的数据涌入，每种类型的数据结构和格式不同，管理人员需要应对不同的数据类型和处理方法。

档案管理需要应对数据的实时性和快速增长。随着信息时代的发展，数据不断产生和更新，要求档案管理系统能够迅速而及时地存储和处理这些新数据，以保证数据的准确性和完整性。

保障数据安全和隐私也是重要的挑战，随着数据量的增加，档案管理人员需要面对更复杂的数据安全问题。数据存储在数字化环境下，容易受到黑客攻击和数据泄露的风险，因此必须采取有效措施确保数据的安全和隐私。档案管理需要拥有更强大的技术支持和人才队伍，处理大规模数据需要先进的技术和工具支持，同时需要具备数据管理、数据分析和信息安全等方面的专业人才，而这些人才的培养和吸引是一个挑战。

大数据时代使得档案管理面临了海量、多样化、实时性和安全性等方面的挑战。档案管理人员需要采用创新的技术手段和管理策略，不断优化管理系统，以应对这些挑战，确保档案数据的高效存储、管理和利用。

（二）多样性和复杂性

档案管理在大数据时代面临着多样化和复杂化的数据类型，涵盖文本、图片、视频、声音等多种格式和类型，数据结构也因此变得复杂多变，这给档案管理带来了挑战和需求，要求管理者能够灵活处理和管理不同格式、结构和内容的数据。

文本数据是档案管理中最常见的形式之一。它可以是书面文件、报告、合同、电子邮件等形式的文字信息。文本数据通常以字节流或标记语言的形式存在，因此在处理时可以利用各种文本分析工具来提取关键信息、进行内容搜索、识别语义等。

图片数据在档案管理中也占据重要地位，这包括照片、扫描文件、插图等以图像形式保存的信息。管理图片数据需要利用图像处理技术进行图像识别、元数据提取、压缩和存储等操作，以便更好地管理和利用这些图像档案。频数据是档案管理中的另一重要组成部分。视频档案可以是录像、电影、在线视频等形式，涉及音频和图像的同时处理。档案管理人员需要依靠视频处理技术，例如视频解码、压缩、剪辑和存储，以管理和提供对视频内容的有效访问。声音数据是一类特殊的档案形式，包括录音、音乐文件等。对声音数据的管理需要利用音频处理技术，如语音识别、音频合成、噪音去除等，以支持对声音档案的存储、检索和分析。

不同类型的档案数据，往往拥有各自不同的数据结构和内容特点。传统档案管理可能更多关注文本形式的档案，而数字化档案管理则面临着各种类型数据同时存在的情况，需要适应不同格式、结构和内容的数据处理和管理。多样化和复杂化的档案类型，意味着档案管理人员需要掌握各种数据处理和管理工具，有效地管理这些数据，也需要具备跨领域的知识和技能，了解不同类型数据的特点和处理方式，从而更好地应对不同格式、结构和内容的档案数据，确保数据的安全、准确性和完整性。

（三）实时性和高速性需求

在大数据时代，数据处理和实时分析的需求变得日益迫切。档案管理在面对这种实时性要求时，必须迅速适应和应对，以满足即时响应的需求。大数据的快速增长和即时性需求意味着档案管理必须改进数据处理的速度和效率。传统的数据处理方式可能不再适用于海量数据的管理，因此需要采用更加高效的处理工具和算法，以加速数据的采集、存储、清洗和分析过程。

实时性要求也意味着需要建立更快速的数据分析和查询系统。档案管理人员需要利用先进的技术和工具，如实时数据库、流式处理技术等，以提供更快速、更灵活的数据查询和分析功能，确保能够在短时间内提供所需的数据信息。实时分析还需要档案管理系统具备较强的数据挖掘和预测能力。通过机器学习、人工智能等技术，系统可以对大量数据进行分析和预测，及时发现数据中的模式和趋势，帮助管理者做出及时有效的决策。

档案管理需要不断优化和改进技术架构，以应对实时性要求，例如，采用分布式系统和云计算技术，提高系统的响应速度和扩展性，从而能够更好地应对快速增长和高并发的数据处理需求。随着大数据时代的到来，档案管理需要适应即时响应的需求。这意味着要加强对数据处理速度和效率的提升，建立更快速、更灵活的数据查询和分析系统，拥有更强大的数据挖掘和预测能力，同时不断改进技术架构，以适应实时性要求，确保档案管理能够在需求迅速增长和高速变化的环境下保持高效运作。

（四）价值密度和信息质量

档案数据作为重要的信息资源，确实蕴含着丰富的信息和价值，但其质量和价值密度也是当前档案管理面临的挑战之一。这些挑战主要体现在数据中存在着大量的冗余、噪音和无用信息。数据中的冗余信息是影响数据质量的一个主要问题。冗余数据是指在数据集中存在的重复信息或高度相似的信息。这源自多个数据源的交叉，多次记录相同信息等情况。冗余数据不仅占据了宝贵的存储空间，还加大了数据处理的复杂性，降低了数据的分析效率。

噪音是数据质量问题的另一个重要因素。噪音是指在数据中存在的随机或异常信息，可能是由于传感器故障、人为错误、传输错误等因素所导致。这些噪音数据会影响数据的准确性和可信度，导致数据分析结果产生偏差，从而影响了最终的决策和预测结果。数据中还存在着大量的无用信息，即对分析和决策没有意义或者价值较低的数据。这些无用信息可能是过时的、不相关的或不完整的数据，对于数据分析和管理人员来说，需要花费额外的时间和精力进行筛选和清理，以找出其中有价值的信息。

解决这些数据质量和价值密度的问题，需要采取一系列有效的方法。首先，数据清洗是提高数据质量的关键步骤，通过使用数据清洗工具和技术，去除冗余数据、处理噪音和无效数据，提高数据的准确性和可信度。其次建立完善的数据质量管理机制，制定数据质量标准、优化数据采集和存储结构，确保数据在获取、存储和处理过程中的高质量。最后利用数据质量管理工具和技术，自动化地识别和清理数据中的问题，提高数据处理效率和质量。

解决档案数据质量和价值密度的问题对于充分利用数据资源非常重要。通过数据清洗、建立管理机制以及利用专业工具和技术等手段，可以改善数据质量，提高数据的可信度和实用性，为数据分析和决策提供更加可靠的支持。

二、大数据时代档案的挑战

（一）大体量数据为档案数据的存储和获取带来挑战

在大数据时代，档案管理面临着前所未有的挑战，其中比较显著的是庞大的数据体量，这对档案的存储和获取提出了极大的挑战。随着科技的迅猛发展，数据的产生速度急剧增加，这种激增的数据量使得传统的档案管理方法变得不再适用，而对于档案管理者来说，如何有效地应对这一挑战成为摆在他们面前的一项重要任务。

（1）大体量的数据使得档案的存储变得复杂而庞大

传统的存储系统难以处理如此庞大的数据集，而新一代的存储技术则需要更多的投资和资源。数据的存储不仅仅是简单地保存，还需要考虑数据的备份、恢复、版本控制等方面，以确保数据的安全性和可靠性。因此，档案管理者需要审慎选择适当的存储解决方案，以应对大规模数据的存储需求。大数据时代也对档案数据的获取提出了更高的要求。快速准确地检索和获取所需信息变得至关重要，而传统的档案检索方法可能无法满足这一需求。因此，档案管理者需要引入先进的检索技术和工具，以提高数据的可访问性和实时性。这涉及引入人工智能和机器学习等先进技术，通过自动化和智能化的方式实现更高效的数据检索和获取。

大体量数据带来了数据管理的难题，档案管理者需要制定合理的数据管理策略，包括数据的分类、归档、清理等方面。数据的多样性和复杂性需要档案管理者采用更灵活和智能的管理方法，以确保数据的有序和规范管理。数据的质量控制也成为一个亟待解决的问题，以避免在大规模数据中出现不准确或过时的信息。随着数据的增长，隐私和安全问题也变得尤为突出，大数据档案中包含大量敏感信息，如何保障这些信息的隐私和安全成为一个极为重要的考虑因素。档案管理者需要采取严格的安全措施，包括加密、访问控制、身份验证等手段，以确保数据不受未经授权的访问和恶意攻击。

在技术更新的背景下，档案管理者需要不断更新自己的技能和工具。大数据技术的不断发展意味着新的存储、处理和分析工具的涌现，档案管理者需要保持对这些新技术的了解，并适时地更新档案管理系统，以确保其与时俱进。法规和合规性问题也是大数据档案管理面临的一个重要挑战。随着对个人隐私和数据保护的法规要求越来越严格，档案管理者需要了解并遵守相关的法规，以确保档案管理的合法性和合规性，这涉及制定和实施严格的数据处理政策，以满足法规对于数据管理的要求。长期保存是档案管理的一个永恒话题，而在大数据时代，这一挑战变得复杂。由于硬件和软件的不断更新，档案的格式和存储介质可能会发生变化，因此档案管理者需要制定长期保存的策略，确保档案能够跨越时间和技术的变革而得以保存。人才短缺也是大数据档案管理面临的一个现实问题。大数据时代需要具备高级技术和管理技能的专业人才，而这类人才相对短缺。档案管理者需要制定招聘和培训策略，以确保团队具备适应大数据时代的能力和素质。在面对这些挑战的同时，档案管理者需要注重整体规划，综合运用技术手段、管理方法和政策制定，构建健全的档案管理体系。只有在不断创新和适应的基础上，档案管理者才能更好地应对大数据时代带来的复杂性和挑战，确保档案数据的有效存储、管理和利用。

（2）大体量数据为档案数据的管理和维护带来挑战

大量数据对档案数据的管理和维护构成了一项庞大而复杂的挑战。从数据产生的源头到传播、存储、保护、归档再到安全维护的全过程，每一个环节都可能涌现错误，因此数据管理与数据质量管理的角色日益凸显。随着数据量的急速增长，数据之间的相互联系也愈发密切，这使得档案管理及维护的难度不断攀升，相应的成本也随之增加。在这个背景下，传统的数据管理思想必须经历一场彻底的革新。与此同时，卓越的管理实践也对数据应用的合理性提出了更高的要求。数据管理和数据应用两者之间形成了不可分割、相辅相成的关系。面对庞大的档案数据，如何在海量信息中挖掘出潜在的规律，如何提升管理效率，都是当前档案工作所面临的巨大挑战。在信息时代，大数据的兴起使得档案管理者需要更加关注从数据产生到最终应用的全链路管理。数据产生的环节，随着技术的发展，各种数据源头的不断涌现导致数据的多样性和复杂性不断增加。管理者必须确保数据的来源可靠、准确，并及时进行采集和整合。数据的传播阶段，特别是在网络时代，数据可以以惊人的速度传播到各个角落，因此需要建立健全的数据传播管控机制，以防止数据失控和误用。

存储是大量数据管理的一个核心问题，庞大的数据量需要强大而高效的存储系统来支持。传统的存储设施往往难以满足这一需求，因此档案管理者需要不断探索新的存储技术，如云存储、分布式存储等，以确保数据的安全、稳定和高效存储。在存储阶段也要重视数据的备份、恢复和版本控制，以防止数据的丢失或损坏。

数据的保护和归档是大数据管理中不可或缺的环节。随着数据泄露和恶意攻击的增多，档案管理者需要采取严格的安全措施，包括加密、访问控制、身份验证等手段，以确保数据不受未经授权的访问和恶意攻击。建立合理的数据归档策略，对数据进行分类和整理，以便后续的检索和应用。

在安全维护环节，档案管理者需要对数据进行监测和审计，及时发现异常情况并采取相应的应对措施，这包括实施安全漏洞修复、定期进行安全评估等。安全维护不仅仅是保护数据安全的手段，也是对数据管理体系不断完善和升级的体现。

在这一连串的数据管理环节中，错误和问题可能随时发生。数据管理者必须注重数据质量管理，从数据的准确性、一致性、完整性等多个维度进行监控和控制。建立数据质量管理体系，采用数据质量工具和技术，对数据进行及时的清洗和修复，确保数据质量达到可接受的水平。数据量的快速增长同时导致数据之间的相互联系日益复杂。数据不再是孤立存在的，而是在不同业务流程和系统之间形成了复杂的关系网络。因此，档案管理者需要具备更高水平的数据整合和分析能力。采用先进的数据分析工具和算法，挖掘数据中隐藏的规律和价值，有助于更好地理解数据之间的关系，提升管理决策的科学性和准确性。随着大数据时代的到来，传统的数据管理思想也需随之革新，传统的关系型数据库和数据仓库已经不能完全满足大量、多样化的数据管理需求。新兴的数据管理技术，如 NoSQL 数据库、分布式数据库等，为档案管理者提供更灵活和高效的数据管理解决方案。采用开放式的数据管理架构，借助开源技术和标准化的数据接口，有助于提高数据管理的灵活性和可维护性。优秀的管理实践不仅仅体现在对数据的精准管理，更包括对数据应用的合理引导，数据管理和数据应用是紧密相连、互为依存的两个方面。有效的数据管理可以为数据应用提供有力的支撑，而数据应用的结果又反过来验证了数据管理的成效。档案管理者需要在两者之间寻找平衡，确保数据管理的科学性和合理性，面对大量的档案数据，如何从海量的信息中发现潜在的规律成为一项迫切需要解决的问题。传统的手动分析方式已经无法满足大规模数据的需求，因此档案管理者需要借助先进的数据挖掘和机器学习技术。通过建立数据分析团队，采用数据挖掘工具和算法，可以更迅速地发现数据中的模式和趋势，为业务决策提供有力支持。

（3）非结构化数据为档案数据的挖掘与分析带来挑战

非结构化数据的崛起为档案管理者带来了巨大的挑战，因为这类数据的挖掘与分析相较于结构化数据更复杂。结构化数据和非结构化数据的本质区别在于它们的存储方式：前者采用数据记录存储，而后者普遍采用文件系统进行存储。非结构化数据涵盖了全文文本、图像、声音、影视、超媒体等形式的信息，其特征在于体积庞大、增长迅速、种类多样。随着社会的不断发展，非结构化数据逐渐成为信息的主体，据预测，将来90%的信息将呈现非结构化形式。目前，存储技术在吞吐能力、可扩展性、易管理性等方面尚未跟上非结构化数据增长的速度，这对于主要用于管理结构化数据的关系数据库提出了明显的挑战。

非结构化数据的巨大体积使得传统的存储技术面临着压力，关系数据库等结构化数据存储系统往往无法有效处理非结构化数据的海量存储需求。传统数据库的表结构和索引设计难以适应非结构化数据的多样性和复杂性，导致在处理大规模非结构化数据时性能下降明显，因此，档案管理者迫切需要探索新一代的大数据存储技术，以应对非结构化数据带来的挑战。

非结构化数据的多样性对档案工作提出了更高的要求。与结构化数据相比，非结构化数据更复杂，包含了多种格式和类型的信息，例如，文本数据可能存在于 Word 文档、PDF 文件、电子邮件等多种形式中，图像和音频数据则以不同的编码和分辨率存在。使得非结构化数据的整合和管理变得更加困难，需要档案管理者具备更灵活和先进的数据处理能力。

随着社会信息化程度的提升，非结构化数据的重要性不断凸显。据预测，未来 90% 的信息将以非结构化形式存在，这使得对这类数据进行高效管理和利用成为亟待解决的问题。现有的存储技术在吞吐能力、可扩展性、易管理性等方面存在局限性，尤其是针对非结构化数据的快速增长。传统的关系数据库在处理非结构化数据时性能较差，面临着瓶颈和挑战，因此，档案管理者需要积极寻找创新性的存储解决方案。在探索新一代大数据存储技术的过程中，吞吐能力是一个至关重要的考量因素。非结构化数据的大量涌现意味着对存储系统的读写性能提出了更高的要求。现代的大数据存储技术，如分布式存储系统、对象存储等，提供更高效的吞吐能力，能够更好地应对非结构化数据的存储和检索需求。可扩展性是新一代大数据存储技术需要解决的另一个关键问题，传统的存储系统可能在面对非结构化数据的激增时难以水平扩展，导致性能瓶颈。新一代存储技术注重在架构设计上实现更好的可扩展性，使得系统能够随着数据规模的增加而平滑扩展，确保高效的数据管理和存储。易管理性是新一代存储技术考虑的另一个重要方面。非结构化数据的管理需要更智能、自动化的手段。新一代存储系统通过引入先进的管理工具、监控系统以及自动化流程，使得档案管理者能够更轻松地管理海量的非结构化数据，提高工作效率。新一代存储技术还应该关注数据的安全性和隐私保护。随着非结构化数据中包含的敏感信息增加，档案管理者需要确保存储系统具备强大的安全功能，包括数据加密、身份认证、访问控制等，以保障数据的完整性和隐私性。在档案工作中，非结构化数据的挖掘和分析不仅仅是为了管理的需要，更是为了发掘其中蕴藏的潜在价值。通过采用先进的数据挖掘和机器学习技术，档案管理者可以更好地理解非结构化数据中的模式、趋势和关联关系，从而为组织提供更深入的洞察和智能决策支持。

（4）数据的冗余和错误为档案的鉴定带来挑战

数据的冗余和错误给档案的鉴定带来了严峻的挑战，尤其是在信息技术发展迅猛的今天。这些挑战主要体现在为谁鉴定、由谁鉴定、如何鉴定这三个方面，而传统的鉴定方法也因此面临着巨大的变革。有学者在 20 世纪 90 年代就曾指出，在面对海量电子文件时，"直接鉴定法"遭遇了极大的挑战。在当今大数据时代，为了更好地应对社会对文件价值的需求，档案管理者必须制定切实可行的档案鉴定策略，建立档案系统自动鉴定的原则和适用标准。数据的冗余是档案鉴定中不可忽视的问题。随着信息技术的发展，数据在不同系统和平台之间不断流动、复制，导致相同或相似的信息在不同地点存在多个副本。这种冗余不仅浪费了存储资源，也增加了档案鉴定的难度。传统的鉴定方法难以有效处理大规模冗余数据的情况，因此需要引入先进的数据去重和压缩技术，以确保鉴定的准确性和高效性。数据的错误也是档案鉴定面临的重要挑战之一。错误的数据可能来自录入时的失误、系统故障、传输问题等多种原因。这些错误数据对于鉴定的结果可能产生误导，降低鉴定的可靠性。为了解决这一问题，档案管理者需要借助数据质量管理工具，对数据进行及时的清洗和修复。建立完善的数据质量监控机制，及时发现并纠正数据错误，是确保鉴定结果准确的重要手段。

在信息技术的推动下，传统鉴定方法在为谁鉴定、由谁鉴定、如何鉴定这三个方面发生了深刻的变化。首先，为谁鉴定的问题涉及鉴定对象的范围和需求。传统上，鉴定工作主要由档案管理者和专业鉴定人员完成，但随着信息的普及，社会各个领域对于档案的需求不断增长。因此，鉴定的对象可能不仅仅是档案管理者，还可能包括政府机构、企业组织、研究机构等多个层面。其次，档案管理者需要制定灵活的鉴定策略，满足不同层次和领域的需求，确保鉴定工作更贴近实际应用。由谁鉴定的问题涉及鉴定人员的选择和培训。随着档案工作的复杂性增加，传统的鉴定工作可能需要更多专业知识和技能。因此，档案管理者需要建立更完善的鉴定人员队伍，引入专业背景丰富的鉴定人员，并提供定期的培训和更新知识的机会。随着自动化技术的发展，档案系统自动鉴定的概念逐渐崭露头角，这为提高鉴定效率和减轻鉴定人员负担提供新思路。如何鉴定是档案鉴定面临的核心问题。传统的直接鉴定法在面对海量电子文件时显得力不从心，因为其依赖于人工的方式无法满足大规模数据的鉴定需求。最后，在大数据时代，档案管理者需要制定档案鉴定策略，借助先进的技术手段，建立档案系统自动鉴定的原则和适用标准。这涉及利用人工智能、机器学习等技术，通过对大量数据的分析和学习，实现对档案的智能鉴定和分类。档案管理者还需关注鉴定结果的可追溯性和可验证性，确保鉴定的过程和结果具有可信度。在档案鉴定面临如此多的挑战时，需要综合运用技术手段和管理策略，寻找更为有效和智能的鉴定解决方案。通过整合资源，培养专业人才，引入先进技术，档案管理者可以更好地适应信息技术发展的潮流，提高档案鉴定的准确性和效率。积极探索自动化鉴定的可能性，使档案管理在大数据时代更具应对能力，为社会提供更可靠的档案服务。

（5）数据的价值提取为档案的利用带来挑战

数据的价值提取为档案的利用带来了一系列挑战。大数据本身并不具备固有的价值，其真正的价值体现在对档案的精细处理和深入分析上。档案利用主体在探索大数据中的"金子"时，同时也面临可能挖到"垃圾"的风险，这种"垃圾"信息可能会极大地误导决策，因此，档案利用服务需要在海量数据中进行有效的收集、处理和分析，为主体提供所需的信息，为决策者提供科学依据。档案利用服务需要有效地对海量数据进行收集。在大数据时代，数据的产生速度和数量呈现爆发性增长，档案管理者需要具备快速而准确地收集数据的能力。这涉及建立高效的数据采集系统，引入先进的数据采集技术，确保所收集到的数据具有高质量和全面性。要考虑数据的实时性，及时更新收集到的信息，以保证提供的数据具有新的参考价值。

档案利用服务需要对收集到的海量数据进行有效的处理。庞大的数据量包含大量冗余、噪音和无效信息，这些都会干扰到数据的真实价值，因此，档案管理者需要引入先进的数据清洗和预处理技术，过滤掉无效和重复的数据，确保提供的信息质量可靠，需要进行数据的标准化和格式化，以便更好地进行后续的分析和利用。

在数据处理的基础上，档案利用服务需要进行深入的数据分析。传统的数据分析主要注重对数据的描述和统计，而在大数据时代，需要更加注重数据的挖掘和发现。通过采用数据挖掘、机器学习等先进技术，档案管理者可以更好地发现数据中隐藏的规律、趋势和关联关系，为利用主体提供更深刻的洞察和科学的依据。档案利用服务需要适应用户需求的转变，过去，档案用户主要关注数据或文件的利用，而在当今，用户更加关注数据背后所蕴藏的知识，因此，档案利用服务需要从提供数据信息逐渐转变为提供知识，这需要档案管理者不仅要具备数据管理的技能，还需要具备知识管理和知识挖掘的能力。通过抽取和挖掘海量数据中的有用信息和知识，并将其整合呈现给用户，档案利用服务将更好地满足用户对知识的需求。在档案利用服务的发展方向上，抽取和挖掘大量数据中的有用信息和知识将成为关键，这不仅包括对结构化数据的深度挖掘，还包括对非结构化数据、文本数据、图像和声音等多种形式的数据的分析和处理。档案管理者需要不断引入先进的数据分析工具和算法，以更好地满足用户对知识的渴求。数据的价值提取对档案利用服务构成了重大挑战，需要档案管理者不断创新和提升技能，以适应大数据时代的需求。通过建立高效的数据收集、处理和分析体系，引入先进的数据挖掘和机器学习技术，以及适应用户需求的转变，档案利用服务将更好地发挥大数据的潜在价值，为利用主体提供更精准和有深度的服务。

第三节 传统档案管理与大数据档案管理的比较

一、数据规模方面

传统档案管理和大数据档案管理在数据规模方面存在显著的差异，比较展示了两者在处理和管理数据量上的不同挑战和机遇。传统档案管理的数据规模相对有限，主要由纸质文件和有限的电子数据组成。档案管理员通常处理一定数量、种类有限的文档和记录。这种有限的规模使得传统档案管理更加容易掌控，因为文件数量和种类相对较少，手动整理、分类和检索的工作相对简单。传统档案管理依赖于传统的数据库系统，这些系统主要用于结构化数据的存储和管理，因此在处理这一有限规模的数据上较为高效。随着信息技术的飞速发展，大数据档案管理引入了前所未有的数据规模。大数据档案管理面对的数据量庞大，远超过了传统档案管理的能力范围。这些数据集包含了结构化和非结构化的信息，涵盖了文本、图像、音频、视频等多种形式。这种巨大的规模要求更加先进和自动化的处理方式，传统的手动管理方法显然无法满足大规模数据的需求。因此，大数据档案管理需要采用分布式存储系统、云计算技术等先进的技术手段，以有效地处理、存储和分析这一庞大的数据流。在大数据档案管理中，数据的增长速度非常迅猛，这与传统档案管理的相对稳定和有序形成鲜明对比。大数据档案管理需要适应数据的高速产生和传输，这意味着需要实时或接近实时的处理和分析能力。对于传统档案管理中通常采用的批处理方式提出了更高的要求，要求系统能够更加灵活地应对数据的动态变化，确保处理速度跟得上数据的产生速度。

数据规模方面的比较表明，传统档案管理和大数据档案管理在面对数据量的挑战时存在明显的差异。传统档案管理相对有限的规模使其在一定程度上更易于管理，但也限制了其在面对大规模数据时的应对能力。大数据档案管理则通过引入先进的技术手段，适应了日益庞大和复杂的数据规模，为更全面、更深入的数据管理和分析提供可能性。

二、数据类型方面

传统档案管理和大数据档案管理在数据类型方面存在显著的区别，传统档案管理主要涉及结构化数据，这种数据形式相对简单，主要包括表格、数据库和纸质文件等。这些结构化数据通常具有固定的格式和明确的关系，方便于传统的档案管理方法，例如手动整理、分类和检索。传统档案管理者主要负责维护这些有序的文档，通过建立档案系统和分类体系来确保数据的有序性和可管理性。这种结构化数据的特点决定了传统档案管理更加注重数据的整理和归档，而对于数据的深度分析和挖掘则相对有限。随着社会信息化和数字化的推进，大数据档案管理引入了更复杂和多样的数据类型。大数据档案管理面对的不仅仅是结构化数据，还包括大量的非结构化数据，如文本、图像、音频和视频等。这些非结构化数据具有更高的多样性和复杂性，其表现形式不受固定格式的限制，往往呈现出更加灵活和自由的特点。这意味着大数据档案管理需要更灵活和先进的管理和分析手段，以应对这些多样化的数据类型，提取其中的有用信息和洞察。在大数据档案管理中，非结构化数据的处理成为一个关键挑战。这种类型的数据通常以自由文本、图像、音频等形式存在，不易直接通过传统的数据库系统进行存储和管理。相比之下，传统档案管理更加擅长处理结构化数据，因此需要对现有系统和方法进行改进，以适应这些非结构化数据的存储、索引和分析需求。大数据档案管理者需要考虑如何借助先进的文本挖掘、图像识别、语音处理等技术，更好地处理和理解这些复杂的非结构化数据，以实现对信息的更深层次的挖掘和分析。大数据档案管理所涉及的数据类型也包括半结构化数据，这种数据形式介于结构化和非结构化之间，通常以某种程度的结构和标签存在。这增加了对管理工具和技术的要求，以有效地处理这种中间类型的数据。大数据档案管理需要更灵活的数据管理和处理方式，以满足这些多样化的、在结构上更灵活的数据类型的挑战。数据类型方面的比较表明，传统档案管理和大数据档案管理在面对不同类型数据时存在明显的区别。传统档案管理主要集中于结构化数据的整理和管理，而大数据档案管理引入了复杂、多样和灵活的数据类型，对管理者提出了更高的技术和方法的要求。这是大数据档案管理逐渐崭露头角的一个重要方面，为更全面的数据管理和深度分析提供更丰富的数据资源。

三、数据速度方面

传统档案管理和大数据档案管理在数据速度方面展现出截然不同的面貌，这一比较突显了它们在处理数据时对速度和时效性要求的巨大差异。

传统档案管理在数据速度方面通常较为缓慢，这主要是因为其处理的数据量相对较小、数据更新相对较慢，主要依赖手动操作和有限的电子系统。在传统档案管理的场景中，数据的产生、传输和处理速度并不是关注的重点。文件的整理、分类和检索通常采用手动方式，而数据库系统也主要用于静态数据的存储，更新频率相对较低。传统档案管理更注重数据的有序性和完整性，而忽略了数据的动态变化和实时性的需求。

大数据档案管理则面临着高速产生和传输数据的挑战。大数据档案管理所处理的数据量远超传统档案管理的能力范围，数据的更新速度相当迅猛。社交媒体的实时更新、传感器网络的高频数据采集、日志文件的持续产生等，都要求大数据档案管理系统能够实时或接近实时地处理这些数据流。因此，大数据档案管理强调对数据速度的快速响应，需要具备更高的处理速度、更大的吞吐量，以确保能够有效地捕捉和利用数据的时效性。在大数据档案管理中，数据的产生和传输速度远远超过了传统档案管理的能力范围，这要求采用先进的技术和处理方式。分布式计算、实时数据处理、流式处理等技术成为大数据档案管理的核心，以确保对数据高速产生和传输的迅速响应。传统的批处理方式难以满足大数据时代对于实时性的需求，因此大数据档案管理通常采用更灵活、流式的数据处理方式，以保证数据能够在产生后立即被分析和利用。

数据速度的快慢也直接影响到大数据档案管理在实时决策支持方面的能力。在传统档案管理中，由于数据的相对稳定和有序，对实时性的需求较低，主要用于基础的业务操作和决策支持。大数据档案管理面向的场景往往需要在数据产生的瞬间进行分析，以支持实时决策的制定，使得大数据档案管理系统不仅需要快速处理海量数据，还需要具备即时提取有价值信息的能力，为决策者提供更及时的数据支持。数据速度方面的比较凸显了传统档案管理和大数据档案管理在面对数据的处理速度和时效性方面的本质区别。大数据档案管理通过引入先进的技术和处理方式，以适应高速产生和传输的数据流，使得数据得以更实时、更迅速地转化为有价值的信息，为决策者提供更及时的数据支持，展示了其在大数据时代的优越性。

四、数据处理方式方面

传统档案管理的数据处理方式主要依赖于手动操作和有限的电子系统。在这种情境下，档案管理员通常会采用传统的整理、分类和检索方法，以手工方式对纸质文件和少量电子文档进行管理。数据库系统被用于存储结构化数据，但其主要用途是简单的数据检索和查询。这种传统的处理方式注重数据的整齐、有序，但相对缺乏对大规模数据的高效处理和深度分析的能力。大数据档案管理则引入了更先进和自动化的数据处理方式，以适应大规模、多样化、高速的数据环境。大数据的特征在于其庞大的体量、高速的产生速度、多样的数据类型，因此传统的手动管理方法显然无法满足大数据档案管理的需求。分布式计算、云计算、实时数据处理和流式处理等先进技术成为大数据档案管理的核心，使得系统能够更加高效地处理和分析数据，以满足对大规模数据的及时、准确的需求。大数据档案管理采用的分布式计算模式使得系统能够同时处理多个任务，从而提高了数据处理的并行性和效率。这种方式对于大数据场景下的高并发和高吞吐量非常重要。传统档案管理中通常采用的批处理方式已经无法满足对实时性和效率的要求，而大数据档案管理通过引入流式处理技术，使得系统能够更加灵活地应对数据的实时产生和传输，实现对数据的快速处理和分析。

在大数据档案管理中，机器学习、数据挖掘和人工智能等先进技术也得到广泛应用。这些技术使得系统能够更好地发现数据中的潜在模式、趋势和关联关系，从而提供更深刻的业务洞察。相比之下，传统档案管理更注重对数据的整理和归档，而缺乏对数据深层次挖掘和智能分析的能力。大数据档案管理强调数据的多样性，包括结构化和非结构化数据的处理。对于非结构化数据，如文本、图像、音频等，大数据档案管理采用自然语言处理、图像识别和语音处理等技术，以更全面地理解和利用这些复杂的数据形式。传统档案管理则主要专注于结构化数据的管理，对非结构化数据的处理能力较为有限。数据处理方式方面的对比突显了大数据档案管理在引入更自动化、智能化的处理方式上的优势。通过充分利用先进技术，大数据档案管理使得对大规模数据的处理更加高效、及时，并具备更深层次的分析能力，为信息管理领域带来了革新性的变革。

五、数据来源方面

传统档案管理的数据来源主要局限于内部业务流程和纸质文档。在传统的档案管理场景中，信息主要通过企业内部的日常业务活动产生，包括会计、人事、采购等方面的记录和文件。这些信息通常是相对稳定、有序的，更新频率相对较低，且以纸质文档的形式存在。这导致传统档案管理对信息的获取相对较为有限，主要依赖于公司内部的固定渠道，相对较少面对外部和非结构化数据来源。大数据档案管理面对的数据来源更广泛和多样化。随着数字化时代的到来，信息的产生和传播途径变得更加丰富。大数据档案管理不仅关注企业内部的业务流程，还涵盖了来自外部的多种数据源，如社交媒体、传感器网络、在线平台、日志文件等。这些数据源包括了结构化数据，如交易记录、用户信息等，也包括了非结构化数据，如用户评论、社交媒体帖子、图像、音频等。这使得大数据档案管理能够从更多维度、更广泛的角度获取信息，不仅有助于更全面地了解企业内外的环境，也有助于发现隐藏在大量数据中的关联和趋势。

大数据档案管理所面对的数据来源还包括实时产生的数据流。传感器技术的广泛应用，互联网的普及以及各种在线服务的兴起，使得大量数据以实时或接近实时的方式涌入系统。这种实时性的数据源对于一些需要即时决策和反馈的业务场景至关重要。传统档案管理通常无法处理如此高速产生和变化的数据流，而大数据档案管理通过引入流式处理技术，实现了对实时数据的处理和分析，从而更好地满足了现代业务的需求。大数据档案管理涉及的数据还可能具有更高的不确定性和不结构化性。社交媒体上的用户评论、在线文章、图像和视频等信息形式复杂、多样，缺乏固定的结构。这种非结构化数据的处理对于传统档案管理来说是一个挑战，而大数据档案管理则通过采用先进的文本挖掘、图像识别、语音处理等技术，更好地理解和分析这些非结构化数据，挖掘其中蕴含的有价值信息。数据来源方面的对比清晰地展现了传统档案管理和大数据档案管理在信息获取渠道和数据来源的广度上的根本不同。传统档案管理更注重内部业务流程的数据，而大数据档案管理则更加关注来自多渠道的、多样性的、实时性的信息流，从而为信息管理提供更全面和深刻的视野。

第二章　大数据环境下的档案数字化与电子化处理

在大数据环境的浪潮中，档案数字化与电子化处理崭露头角，为信息管理领域带来了深刻的变革。传统的档案管理方式逐渐无法满足社会信息快速增长和高效处理的需求，而档案的数字化与电子化处理成为适应时代潮流的关键手段。本章在深入研究大数据环境下档案数字化与电子化处理的趋势以期为信息管理者和决策者提供实用的参考。随着大数据技术的飞速发展，档案数字化成为信息管理的必然选择。数字化使得档案从传统的纸质形式转变为数字化存储，不仅提高了信息的可访问性，也加速了信息检索的速度。电子化处理则进一步强调了档案的管理与利用的智能化，通过引入自动化工具和先进技术，优化了档案的处理、存储和传递流程，提升了整体管理效能。通过对档案数字化与电子化处理的深入研究，我们期望为信息管理者提供全面的认识，使其更好地把握大数据时代的档案管理趋势，充分发挥数字化与电子化处理在信息管理中的优势，推动档案事业向着更智能、高效、安全的方向发展。

第一节　大数据驱动的档案数字化流程

一、数据采集与获取

在大数据驱动的档案数字化流程中，数据采集与获取是至关重要的一环，它决定了后续整个数字化流程的数据质量和深度分析的可行性。在这一阶段，涉及采集何种数据、如何获取数据以及采用何种技术手段等问题都需要仔细考虑。

在进行档案数字化的数据采集阶段，需要明确采集的范围和对象，其中包括了档案中所涉及的各种信息，如文件、文档、图片、音频、视频等形式的资料。此外，档案可能分布在不同的部门、业务系统或者存储介质中，因此需要全面了解整个档案的结构和分布情况。这一步骤的目标是确保涵盖所有关键的档案信息，避免遗漏重要数据。对于传统的档案，数据采集对象可能包括纸质文件、文件柜、存储设备等。对于数字档案，可能涉及到各种电子文档、数据库记录、邮件通信等。为了确保完备性，可能需要进行实地勘察，与档案管理人员、业务部门负责人等进行深入沟通，了解档案的详细内容和组织结构。

数据采集的技术手段直接影响了数字化流程的效率和准确性。在大数据档案数字化中，常见的采集技术包括以下几个。（1）扫描技术，对于纸质文件，采用高速扫描仪进行扫描，将纸质档案转化为数字格式，这要求扫描仪具备高分辨率、双面扫描、自动文档进纸等功能，以提高扫描效率和质量；（2）OCR 技术，光学字符识别（OCR）技术可以将扫描得到的图片中的文本转化为可搜索和可编辑的文字，这对于提高文档的可用性和检索效率非常重要；（3）数据抽取工具，针对结构化数据，可以使用数据抽取工具，通过连接到数据库或其他数据存储系统，自动抽取数据并导入数字化平台；（4）自动化工具，利用自动化工具，如机器人流程自动化（RPA）等，可以实现对一些规律性、重复性工作的自动化，提高效率。

在采集的过程中，需要考虑数据的一致性和完整性，特别是在从不同源头采集数据时，要确保数据的准确对应和一致性，以避免后续的数据整合和清洗过程中出现问题。随着业务的不断发展，某些档案信息可能需要实时更新或者频繁采集。在数据采集与获取阶段，考虑档案数据的时效性。对于需要实时分析和决策支持的业务场景，采集系统可能需要设计成支持实时数据流的处理，以确保数据的及时性。某些档案信息的变更可能是逐渐发生的，而不是突然发生的。因此，在制定数据采集计划时，需要根据档案信息的变化频率制定合适的采集频次，有助于减少系统资源的浪费，同时确保档案信息的准确性和时效性。数据质量是数据采集与获取阶段至关重要的一个方面。不论是扫描、OCR 还是其他手段，都需要对采集到的数据进行质量检查，这包括确保采集到的数据与源数据保持一致，减少因为人工错误或者技术问题引入的数据偏差。确保所有需要采集的数据都被采集到，不漏失任何关键信息。在多个数据源的情况下，确保不同数据源采集到的相同信息是一致的，以保证后续整合分析的正确性。针对需要实时更新的数据，确保采集到的数据是新的，避免陈旧信息的影响。数据质量控制可以通过自动化工具和人工审核相结合的方式进行。自动化工具可以检测出一些明显的问题，而人工审核则可以处理一些复杂或者需要主观判断的情况。在档案数字化中，非结构化数据（如图像、音频、视频等）的采集和处理是一个挑战性的任务。对于这类数据，可以采用以下手段：对于扫描的图片，可以利用图像处理技术进行清晰度的提升、降噪等处理，以提高后续处理的准确性；对于音频和视频，可以采用语音识别技术将其转化为可搜索的文本，以方便后续的分析和检索。为非结构化数据添加元数据，如拍摄时间、地点、关键词等，以提供更多的信息支持。

在档案数字化的过程中，尤其需要考虑隐私与安全问题。档案中包含敏感信息，如个人身份信息、商业机密等。在数据采集与获取阶段，必须制定相应的隐私保护措施。对于涉及个人隐私的信息，可以采用数据脱敏技术，对姓名、身份证号等敏感信息进行模糊处理，以保护用户隐私。在数据采集的过程中，采用加密传输技术，确保数据在传输过程中不被非法获取。设置严格的权限控制，确保只有经过授权的人员能够访问和处理特定的档案数据，从而避免数据泄露风险。通过综合应用上述技术和手段，数据采集与获取阶段能够实现对档案信息的高效、全面、准确地采集，为后续的数字化处理奠定了坚实的基础。这也是整个大数据档案数字化流程中的第一步，决定了后续数据处理和分析的成败。因此，在这个阶段的设计和执行上，需要综合考虑档案的特点、业务需求以及技术手段，以实现最佳的数据采集效果。

二、数据存储与管理

大数据驱动的档案数字化流程中，数据存储与管理是至关重要的一环。在这个阶段，需要考虑如何有效地存储不同类型的档案数据，并确保其安全性、可扩展性、高性能和易管理性。

在档案数字化流程中，存储架构的设计是基础性的一步。传统的关系型数据库在存储大数据时可能会面临性能瓶颈，因此常常采用分布式存储系统。这些系统提供了高可用性、容错性和可伸缩性，能够适应不断增长的档案数据。对象存储也是一种常见的存储方式，是以对象的形式存储数据，使得数据能够更加灵活地扩展。

为了提高数据检索的效率，对档案数据进行合理的分区和建立索引是必要的。分区可以根据数据的某一属性进行划分，例如按照时间、地区、档案类别等进行分区，以加速数据的查询和检索。建立索引可以大幅度减少数据扫描的时间，提高查询效率。对于非结构化数据，全文索引等技术可以用于提高检索的效果。档案数据的安全性至关重要，因此需要建立完善的数据备份与恢复机制。定期对档案数据进行备份，确保在数据丢失或系统故障时能够迅速恢复。云服务提供商通常提供自动备份和快速恢复的功能，可以帮助档案管理者更轻松地管理备份策略。随着档案数据的数字化，安全性和权限控制变得尤为重要。采用加密技术，对数据在传输和存储过程中进行加密，以防止数据被非法获取。同时，通过细粒度的权限控制，确保只有经过授权的人员能够访问、修改或删除特定的档案数据。这涉及对存储系统和数据库的访问控制的合理设计。

考虑档案数据的庞大量，采用数据压缩技术可以减少存储空间的占用，提高存储效率。不同类型的档案数据可能有不同的压缩策略，需要根据实际情况选择合适的压缩算法。同时，针对读取频繁的数据，可以考虑采用缓存技术，将常用的数据存储在内存中，提高数据的读取速度，元数据是描述档案数据的数据，包括数据的来源、格式、创建时间、修改时间等信息。在数据存储与管理阶段，需要建立有效的元数据管理系统，元数据的良好管理有助于更好地理解和利用档案数据，提高数据的可理解性和可用性，此外，元数据也对数据质量的维护起到了关键作用。为了确保档案数据的质量，需要在存储与管理阶段重视数据一致性和完整性，通过事务管理、数据校验等手段，可以减少数据写入时的错误，确保数据的正确性，建立数据监控机制，及时发现数据异常，采取相应的修复措施。档案数据的价值可能随时间变化，因此需要建立数据生命周期管理策略，通过定义数据的保留期限、访问频率等参数，可以根据数据的实际需求决定数据的存储位置和存储方式，从而优化存储成本。随着档案数据不断增长，存储系统需要具备弹性伸缩的能力，以便根据需求灵活调整存储容量。云计算平台提供弹性的存储资源，可以根据档案数据的增长情况动态调整存储空间，实现成本的有效控制。在数字化流程中，数据治理和合规性是不可忽视的方面，建立合规的数据管理制度，确保数据的采集、存储和使用符合法规要求。数据治包括建立数据质量标准、数据分类、数据负责人制度等，以提高档案数据的管理水平，通过以上措施，数据存储与管理阶段能够更好地满足大数据档案数字化的需求。这一阶段的设计和执行需要综合考虑档案的特性、业务需求和技术手段，以建立稳定、高效、安全的数据存储与管理体系，为后续的数据分析和应用提供可靠的基础。

三、数据清洗与预处理

在大数据驱动的档案数字化流程中，数据清洗与预处理是确保档案数据质量、准确性和可用性的关键步骤。这一阶段涉及对原始数据进行清理、转换和规范化，以消除错误、缺失或不一致的信息，为后续的分析和挖掘提供高质量的数据基础。数据清洗是数据预处理的首要任务，其目标是消除数据中的错误、噪声和不一致性，使得数据更具可信度和可用性。清洗的过程主要包括以下几个步骤：（1）检测并处理数据中的缺失值，可以通过填充、删除或插值等方式进行处理，有助于避免在后续分析中对缺失值的干扰。（2）通过统计方法或机器学习算法检测异常值，并采取适当的方式进行处理。异常值可能是数据输入错误、测量误差等造成的，对其进行处理有助于提高数据的准确性。（3）检测并删除数据中的重复记录，以避免对分析结果的影响。重复值可能是由于数据采集过程中的错误或系统故障引起的。对数据进行格式转换，确保数据的一致性，例如，将日期字段转换为统一的格式，对文本字段进行标准化处理等。处理数据中的不一致性，包括统一命名规范、规范化单位、纠正拼写错误等，有助于保持数据的一致性，提高数据的可比性。（4）检测并处理数据中可能存在的异常关系，确保数据之间的关联是合理的，这涉及对关系型数据的完整性和一致性的维护。

在进行数据预处理时，除了清洗过程外，还包括一系列的转换和处理操作，以使数据更适合后续的分析和建模。以下是一些常见的数据预处理方法：（1）特征选择与抽取，通过对特征进行选择或抽取，降低数据的维度，提高分析的效率。这可以通过统计方法、信息论方法或机器学习方法来实现。（2）数据标准化与归一化，将数据转化为相同的尺度，消除由于不同尺度带来的分析偏差，标准化常用于具有明显边界和离群值的数据，而归一化则用于对数据进行比例缩放。（3）数据变换与编码，对非正态分布的数据进行变换，使其更加符合模型的要求。对分类变量进行编码，将其转换为模型可以处理的数值形式。（4）数据合并与拆分，将多个数据源进行合并，构建更丰富的数据集。或者将数据集拆分为训练集、验证集和测试集，以支持模型的训练和评估。（5）处理时间序列数据，针对时间序列数据，进行平滑、滞后等处理，以揭示数据的趋势和周期性。数据降维，利用降维技术，如主成分分析（PCA）等，减少数据的维度，保留主要信息，同时降低计算复杂度。

为了提高效率和准确性，可以借助各种自动化工具进行数据清洗与预处理。一些常见的工具包括：（1）OpenRefine，提供直观的用户界面，支持数据清理、转换和筛选。Pandas，是Python中一个强大的数据处理库，支持数据清洗、转换和分析。（2）Trifacta，是一款专注于数据清洗和转换的商业工具，提供直观的用户界面和强大的功能。（3）Knime，是一个开源的数据分析平台，支持可视化地构建数据处理流程。

对于档案中的文本和非结构化数据，数据清洗和预处理具有一定的特殊性，这包括去除文本中的停用词、特殊字符、HTML标签等，进行词干提取和词袋模型的构建。对文本数据进行情感分析，提取情感信息，有助于理解用户的态度和情感倾向。针对档案中可能存在的图像数据，进行图像处理、特征提取和识别，以支持后续的图像分析。对档案中的音频数据进行处理，例如，语音识别、音频转文本等，以便进行更深入的分析。在清洗与预处理阶段，仍然存在一些挑战需要克服，例如，大规模数据的清洗可能需要大量的计算资源和时间，特别是对于非结构化数据。清洗和预处理的过程可能涉及一些主观判断，需要综合考虑业务背景和数据特点。数据清洗与预处理是档案数字化流程中至关重要的一步。只有经过高质量的清洗与预处理，档案数据才能为后续的分析、挖掘和应用提供可信、可靠的基础。因此，在设计数字化流程时，应该充分重视数据清洗与预处理的方法和工具的选择，以确保数字化档案数据的质量和价值。

四、机器学习与数据挖掘

在大数据驱动的档案数字化流程中，机器学习与数据挖掘是关键的步骤，它们通过自动化的方式从庞大的档案数据中提取模式、关联和信息，为档案管理者提供更深入的洞察和智能决策支持。机器学习和数据挖掘在档案数字化流程中有广泛的应用场景，其中一些主要的应用包括：（1）档案分类与标注，利用机器学习模型对档案进行自动分类和标注，提高档案的组织结构和检索效率。通过监督学习或无监督学习的方法，模型可以自动学习档案的特征，并将其归类到相应的类别。（2）文本挖掘与信息提取，对于非结构化的文本档案，机器学习技术可以用于文本挖掘和信息提取，包括实体识别、关系抽取、主题模型等，从文本中抽取有用的信息，为后续的分析和理解提供支持。（3）数据关联与推荐系统，通过挖掘档案数据中的关联关系，建立关联规则，可以为用户提供个性化的推荐服务。这对于档案管理者来说是一种智能化的信息服务方式，能够更好地满足用户的需求。（4）异常检测与质量控制，机器学习模型可以用于检测档案数据中的异常值或错误，提高数据的质量。通过监测数据的分布和模式，系统可以自动发现潜在的问题，并提供修复建议。（5）时序数据分析，针对包含时间信息的档案数据，机器学习模型可以进行时序数据分析，揭示数据的趋势、周期性和异常事件。这有助于对档案数据进行更深入的理解和预测。

在进行机器学习与数据挖掘时，需要选择合适的方法和算法。以下是一些常见的方法：（1）监督学习，适用于有标签的档案数据，通过训练模型来学习输入与输出之间的映射关系。支持向量机、决策树、深度学习等是监督学习的常见算法。（2）无监督学习，适用于无标签或部分有标签的数据，用于发现数据的内在结构和模式。聚类、降维、关联规则挖掘等是无监督学习的代表性算法。（3）深度学习，基于神经网络的深度学习模型在处理复杂的档案数据任务中表现出色。卷积神经网络（CNN）、循环神经网络（RNN）等深度学习结构常用于图像、文本等数据的学习和表示。（4）强化学习，适用于需要决策和行动的场景，通过与环境的交互学习最优策略。强化学习在档案管理中的应用主要体现在优化决策流程和策略。（5）集成学习，结合多个模型的预测结果，以提高整体的预测性能。随机森林、梯度提升树等是常见的集成学习方法。

尽管机器学习和数据挖掘在档案数字化中有着广泛的应用，但也面临一些挑战，机器学习模型对高质量的训练数据有着较高的要求。如果档案数据存在较多的噪声、错误或缺失，模型的性能可能会受到影响，对于一些复杂的机器学习模型，其预测结果往往难以解释，在档案数字化流程中，解释模型的预测结果对于确保决策的透明性和合理性至关重要。在进行数据挖掘时，涉及档案中包含的敏感信息，如何在挖掘中保护用户隐私成为一个重要的挑战，机器学习模型在训练阶段的性能很好，但在面对新的、未见过的数据时，其泛化能力成为关键，如何保证模型在实际应用中的鲁棒性是一个挑战，对于大规模档案数据，需要高效的算法和计算资源进行训练和推断，这对于一些计算能力有限的机构可能是一个挑战。为了更好地应对上述挑战，许多组织采用数据科学平台来支持机器学习和数据挖掘工作，这些平台提供集成的工具、资源管理、模型部署等功能，简化了数据科学家和分析师的工作流程。由于档案数据的变化和不断增长，机器学习模型需要定期进行更新和优化，以适应新的数据分布和任务要求。持续学习的机制能够使模型保持对数据变化的敏感性，从而保持其准确性和效用。在档案数字化流程中，机器学习与数据挖掘的应用将档案管理提升到了一个新的层次。通过智能化的分析和挖掘，档案管理者能够更好地理解档案数据，发现其中的潜在价值，并为决策提供更精准的支持。为了克服挑战，必须谨慎选择算法、保障数据质量、保护数据隐私，并建立合适的数据科学基础设施。

五、实时分析与决策支持

在大数据驱动的档案数字化流程中，实时分析与决策支持是至关重要的环节。这一步骤涉及对档案数据进行即时性的分析，以便迅速获取有关当前状态和趋势的信息，并为决策者提供及时的支持。实时分析需要采用高效、实时的方法和工具，以确保数据的及时性和准确性。以下是一些常见的实时分析方法和工具：

（1）流式处理技术，利用流式处理技术，如 Apache Flink、Apache Kafka 等，对实时产生的档案数据进行流式处理。这种方法能够实现毫秒级的数据处理和分析，适用于对实时性要求较高的场景。（2）实时数据库，使用专门设计用于实时分析的数据库系统，例如 InfluxDB、Redis 等，以支持快速的数据查询和聚合。（3）复杂事件处理（CEP），CEP 技术用于识别和分析与特定事件相关的模式，从而在实时流数据中提取有意义的信息。这对于档案数据的实时监控和异常检测非常有用。（4）实时报表与可视化工具，利用实时报表和可视化工具，如 Tableau、Power BI 等，将实时分析的结果以直观的方式呈现给决策者，帮助他们迅速理解数据的含义。

实时分析在档案数字化流程中有多种应用场景，其中一些关键的应用包括：（1）实时监控与警报，对档案数据进行实时监控，通过设定预警规则，及时发现潜在问题或异常情况，并向相关人员发送警报。（2）动态数据仓库，构建实时的数据仓库，支持决策者对档案数据的即时查询和分析，以便快速获取所需信息。（3）实时用户行为分析，对用户在档案系统中的实时行为进行分析，为提供个性化服务和优化用户体验提供支持。（4）实时趋势分析，对档案数据的实时趋势进行分析，帮助决策者了解当前发展方向，从而及时调整策略。（5）实时决策支持，将实时分析的结果直接用于决策制定，帮助决策者在最短的时间内做出明智的决策。实时分析与决策支持虽然带来了许多优势，但也面临一些挑战。在实时分析过程中，不同数据源的数据可能存在时间上的不一致性，需要采用一致性模型来处理。处理实时数据需要高性能的计算和存储系统，而且需要具备良好的可扩展性，以应对数据规模的增长。实时生成的数据可能存在质量问题，包括噪声、错误等，需要在实时分析过程中进行有效的清理和处理。在实时分析中，隐私和安全问题更加突出。需要确保对敏感信息的实时处理是安全可靠的，避免泄露。实时分析与决策支持需要具备相关技能和知识的专业人才，这对于一些组织可能是一项挑战。

随着大数据技术和人工智能的不断发展，实时分析与决策支持将迎来更多创新和进步。将机器学习模型应用于实时分析，使系统能够根据不断变化的数据进行实时学习和优化。将实时分析推向边缘设备，减少数据传输的延迟，适应对于实时性要求更高的场景。利用自动化技术，使系统能够在实时分析的基础上自动生成决策，减轻决策者的负担。强调在实时数据分析过程中加强数据治理，确保数据质量、合规性和隐私保护。要确保实时分析与决策支持的成功实施，关键因素包括需要建立健全的数据架构和基础设施，以支持实时数据的采集、存储和处理。选择适用于实时分析的灵活、强大的分析工具，以便决策者能够方便地进行实时查询和探索。对组织内的人员进行培训，提高其对实时分析与决策支持的认知和应用水平。实时分析与决策支持是一个不断演进的过程，需要持续优化模型、工具和流程，并从实际应用中获取反馈。在档案数字化流程中，实时分析与决策支持的引入不仅提高了档案管理的响应速度和决策质量，同时也为机构提供更灵活、智能的管理方式。在应用这一过程中，需要充分考虑数据的一致性、隐私保护等关键问题，同时不断关注新技术的发展趋势，以确保实时分析与决策支持系统在不断变化的环境中保持有效。

第二节　电子化处理在大数据档案中的应用

一、数据采集的电子数字化

电子化处理在大数据档案中的应用方兴未艾，其中数据采集的电子数字化成为推动这一趋势的重要动力。随着科技的不断进步，传统的纸质档案逐渐被数字档案所取代，这不仅提高了数据的存储效率，还为数据分析和应用提供更广泛的可能性。数据采集的电子数字化在大数据档案中具有诸多优势，包括高效性、可追溯性、便捷性以及更好的数据保护措施。电子化处理使得数据采集更加高效。传统的纸质档案需要人工整理、存储和检索，而电子化处理通过数字化将数据存储在电子设备中，大大简化了这些过程。采用自动化工具和技术，可以实现数据的自动采集、整理和更新，从而大幅提高数据处理的速度和效率。这样一来，企业和组织能够更迅速地获取所需信息，有助于快速决策和应对变化。电子数字化的数据采集具有卓越的可追溯性。数字档案记录了数据的变更、访问和操作历史，通过严格的权限控制和审计机制，可以追踪每一次数据的修改和访问，确保数据的真实性和完整性。这种可追溯性不仅有助于提高数据的可信度，也为法律合规和审计需求提供了有力的支持。电子数字化使得数据采集更加便捷。采用电子化处理的方式，数据可以以多种形式被采集、传输和存储，包括文字、图像、音频等多媒体数据。这种多样性的数据形式为更全面、准确地记录和表达信息提供可能。采用云计算等技术，可以实现远程数据采集和实时同步，为跨地域、跨部门的数据协同提供更便捷的方式。电子数字化的数据采集为数据的安全保护提供更全面和先进的手段。通过加密、备份、灾难恢复等技术手段，电子化处理能够更好地保障数据的机密性和稳定性。与传统纸质档案相比，数字档案在遭受灾害或意外破坏时更容易实现数据的恢复和重建。数据采集的电子数字化在大数据档案中的应用为信息管理带来了革命性的变革，不仅提高了数据处理的效率和精度，也为数据的更全面应用提供更广泛的可能性。随着科技的不断发展，相信电子化处理在大数据档案中的应用将会迎来更广阔的前景，为各个领域的信息管理带来更多创新和便利。

二、数据存储与管理的电子数字化

电子化处理在大数据档案中的应用不仅局限于数据采集，同样在数据存储与管理方面展现了强大的优势。数字化的存储和管理模式为组织和管理大规模数据提供高效、灵活且可扩展的解决方案。通过电子数字化，数据存储与管理变得更智能、便捷，从而满足了现代社会对信息处理和利用的日益增长的需求。电子化的数据存储使得大规模数据的管理更加高效。传统的纸质档案需要大量的物理空间进行存储，而数字档案则可以通过电子设备实现高密度、低成本的存储。利用虚拟化、云存储等技术，可以轻松应对海量数据的存储需求，降低了维护和管理的成本。这种高效的数据存储方式为组织提供更灵活、可扩展的数据管理体系，有助于更好地应对数据的不断增长和变化。数字化的数据存储使得数据的检索和分享更便捷。通过建立数字化的数据仓库和索引系统，用户可以方便地进行全文搜索、关键字检索等操作，迅速找到所需信息。此外，数字档案的便捷性也体现在数据的共享和协同方面。通过合理设置权限，不同团队或部门可以更加方便地共享数据，促进信息的流通和协同工作，提高工作效率。电子数字化的数据存储为数据安全提供更先进的手段。采用加密、身份验证等技术，可以有效防止未经授权的访问和数据泄露。此外，数字档案的备份和灾难恢复机制也进一步保障了数据的稳定性和可靠性。这对于组织来说至关重要，特别是在面临日益增加的网络安全威胁和意外数据丢失的风险时。数字化的数据存储也为数据的生命周期管理提供更多的可能性。通过设定数据的保留期限、归档策略等，可以更好地管理数据的合规性，使其符合法规和政策的要求。这种精细化的管理方式有助于组织更好地理解和利用其数据资产，避免不必要的法律风险。电子化处理在大数据档案中的数据存储与管理应用为组织提供更加智能、高效的数据管理解决方案。通过数字化的手段，组织可以更好地应对大规模数据的挑战，提高数据的可用性、安全性和管理效率。这种趋势将在未来继续发展，为各行各业带来更先进和便捷的数据管理体验，推动数字化时代信息管理的不断创新。

三、档案检索与共享电子数字化

电子化处理在大数据档案中的应用呈现出强大的档案检索与共享优势，为组织内外的信息流通提供高效、便捷的解决方案。数字化的档案检索系统通过智能化的搜索和索引机制，使得用户能够迅速准确地定位所需信息，从而提高了检索效率。电子数字化的共享机制则为多部门、多团队之间的协同工作提供全新的可能性，推动了信息共享与合作的深度融合。数字档案的智能检索系统使得大数据档案的管理更为高效。传统纸质档案需要人工逐一检索，而数字档案通过全文搜索、关键字检索等功能，让用户能够在海量信息中快速定位目标。智能的搜索算法和自然语言处理技术，使得系统能够理解用户的查询意图，为用户提供更加精准的检索结果。这种高效的档案检索机制不仅节省了时间，也减轻了人工检索的负担，提高了信息工作的效率。数字档案的共享机制促进了信息的流通与共享。通过建立权限管理系统，组织可以根据用户的角色和职责划定不同的访问权限，实现对档案信息的细粒度控制。这样，不同部门、团队之间能够在保证安全性的前提下，更加方便地共享数据，推动信息的跨部门协同。共享机制的建立有助于打破信息孤岛，促进全面信息共享，为决策提供更全面、准确的数据支持。电子化处理为档案的多样化共享提供了更为灵活的方式。数字档案不仅支持文本数据，还能够包括图像、音频、视频等多媒体信息，这种多样性的数据形式使得档案信息的表达更加全面。此外，采用云存储和在线共享平台，可以实现跨地域、跨组织的实时数据共享，使得信息在全球范围内流通更加便捷。这为全球化、数字化时代的信息管理提供更灵活和高效的解决方案。除此之外，数字档案的版本管理和审计功能为档案的合规性提供有力支持。通过记录档案的修改历史、访问记录等信息，数字档案系统能够追溯数据的变更和使用情况。这对于组织来说是非常重要的，特别是在法规日益严格的情况下，能够更好地满足合规性审计的需求。电子化处理在大数据档案中的档案检索与共享应用为信息管理提供前所未有的便捷性和智能化。数字档案的高效检索系统和灵活共享机制极大地提高了信息的可用性，促进了团队协同和跨部门合作。随着技术不断发展，相信电子化处理在档案检索与共享方面的应用将继续推动信息管理领域的创新，为各个行业带来更加智能、高效的信息管理体验。

四、数据分析与挖掘电子数字化

电子化处理在大数据档案中的数据存储与管理应用方面，展现出了深远的变革和强大的优势。数字化的存储和管理模式不仅提高了大规模数据的存储效率，还为组织提供了更灵活、可扩展的数据管理解决方案。通过采用先进的技术手段，数字档案的存储与管理不再受限于传统的物理空间，而是以数字形式存储在电子设备中，为数据的安全性、可用性和整体管理效率带来了革命性的改变。电子化处理使得大规模数据的管理更为高效。传统的纸质档案需要庞大的物理空间进行存储，而数字档案则通过虚拟化和云存储等技术，实现了高密度、低成本的数据存储。这不仅降低了存储成本，同时提高了数据的可用性，使得组织能够更便捷地管理庞大的数据量。自动化的数据管理工具和技术还能够实现数据的自动备份、迁移和清理，从而更好地应对数据生命周期管理的需求，确保数据始终处于良好状态。数字档案的存储模式为数据的检索和分享提供更便捷的途径。通过建立智能的索引和检索系统，用户可以轻松地进行全文搜索、关键字检索等操作，迅速找到所需的信息。这种高效的检索机制极大地提升了数据的利用价值，使得数据不再是被存储的信息堆积，而是可以主动为组织决策和业务创新提供支持。此外，数字档案的共享机制通过设置灵活的权限，实现了跨部门、跨团队之间的数据共享，促进了信息的协同利用，推动了整体业务的协同发展。数字化的数据存储为数据的安全保障提供更先进的手段。通过采用加密技术、身份验证、访问控制等措施，数字档案系统能够有效地防范数据泄露和未经授权的访问。此外，灾备和恢复机制的建立也为组织提供可靠的数据安全保障，即使在面临突发情况时，也能够迅速恢复数据，保障业务的连续性。这为组织在数字化时代更复杂和严峻的信息安全挑战中提供有力的支持。数字档案的可扩展性也为组织未来的数据增长提供应对之策。随着业务的发展和数据量的增加，组织可以根据需要轻松地扩展存储容量，而无需进行繁琐的物理空间规划和建设。这种灵活的可扩展性使得组织能够更好地适应不断变化的业务环境，有效应对日益增长的数据挑战。电子化处理在大数据档案中的数据存储与管理应用为组织提供更加智能、高效的数据管理解决方案。数字档案的高效存储、智能检索、安全保障和可扩展性等特性，为组织赋予了更大的数据管理能力，助力其更好地理解、利用和保护数据资产。这一趋势将在未来继续推动信息管理领域的创新，为各行各业提供更便捷和先进的数据管理体验。

五、自动化处理与智能决策

电子化处理在大数据档案中的自动化处理与智能决策应用方面彰显出巨大的潜力和变革性影响。通过引入自动化处理技术，大数据档案的采集、整理和更新等任务得以自主完成，大幅提升了处理效率。结合人工智能和机器学习等技术，系统能够深入分析庞大的数据集，为决策提供更精准、智能的支持，从而推动了信息管理的智能化与自动化进程。电子化处理实现了大规模数据档案的自动化采集与整理。传统的手工操作方式显然无法满足当今信息社会对数据的迅速获取和处理需求，而自动化处理技术的引入改变了这一现状。通过自动化工具和流程，大量数据可以在短时间内被收集、清理、归档，并且能够适应不同数据格式和来源，使得数据采集变得更高效和可靠。这不仅提高了数据处理的速度，也减轻了人工处理的负担，使得信息工作更加智能和自动化。电子化处理通过智能化的数据分析为大数据档案提供更深入的洞察。机器学习、人工智能和数据挖掘等技术能够从庞大的数据中发现潜在的关联和模式，为用户提供更准确、全面的信息。这不仅有助于更好地理解数据，还为决策提供更多元化的信息基础。通过自动化的数据分析，大数据档案中蕴含的知识和价值得以挖掘和发掘，从而为组织提供更有深度和广度的决策支持。电子化处理为大数据档案的智能决策提供强大的技术支持。通过将自动化处理与人工智能相结合，系统能够在海量数据中识别趋势、预测未来发展，并为决策者提供基于数据的建议。这种智能决策支持系统不仅能够提高决策的准确性，还能够迅速适应变化的业务环境，为组织提供更灵活和高效的管理方案。智能决策系统的应用在金融、医疗、生产制造等领域都具有重要的意义，助力组织更好地应对复杂多变的市场和业务挑战。电子化处理通过智能决策的引入为大数据档案的质量管理提供有效手段。自动化的数据清理和修复功能能够检测和纠正数据中的错误或不一致性，提高数据的质量和可靠性。这有助于组织在决策过程中避免因为数据质量问题而带来的误导和风险，确保决策基于高质量、可信的数据。电子化处理在大数据档案中的自动化处理与智能决策应用方面为信息管理带来了深远的影响。通过自动化处理，数据采集和整理等任务实现了高效自主化，而智能决策则为决策者提供更准确和全面的数据支持。这一趋势将随着科技的不断进步而不断深化，为各个行业的信息管理带来更加智能和高效的未来。

六、档案数字化的标准与规范

电子化处理在大数据档案中的应用中，档案数字化的标准与规范扮演着关键的角色。为了确保数字档案的可持续性、可访问性和互操作性，制定和遵循一系列标准与规范成为不可或缺的环节。数字档案的标准化确保了档案数字化过程的一致性与质量。通过规范化的数据格式、结构和元数据，数字档案能够以一种标准化的方式被创建、维护和共享，从而提高了档案的可读性、可维护性和长期保存的可行性。这种一致性有助于避免信息孤岛，使得数字档案在整个生命周期内能够保持一致性和稳定性。数字档案标准的建立有助于确保信息的可访问性和互操作性。在数字档案中，各种类型的信息和数据以标准化的方式被存储和组织，使得用户可以轻松地访问和检索所需的信息。采用通用的标准和协议，数字档案能够更容易地与不同系统和平台进行互操作，促进了信息的共享与流通。这种互操作性为大数据档案的整合和协同工作提供有力支持，有助于更好地实现数据的价值最大化。数字档案标准的制定对于确保信息安全和隐私保护至关重要。随着信息技术的迅猛发展，数字档案中涉及大量敏感信息，因此需要建立合适的标准和规范来保障信息的安全性，这包括对数据加密、身份验证、访问控制等方面的标准化规范，以及针对不同行业、领域的隐私保护法规的遵守。数字档案标准的制定有助于建立健全的安全体系，有效地防范数据泄露和滥用，确保数字档案的合法性和合规性。数字档案标准还为数字档案的长期保存和可持续管理提供框架。在数字档案的生命周期内，标准化的元数据和描述信息有助于跟踪档案的变更历史、掌握档案的溯源信息，为档案的管理、维护和长期保存提供了规范指导。最后，通过制定标准的数字档案格式和结构，可以保障数字档案的持久性，防止由于技术更迭而导致档案信息的不可读性和不可访问性。这对于确保数字档案的可持续性和长期保存的需求至关重要。数字档案的标准与规范在大数据档案中的应用是至关重要的环节，不仅为数字档案的创建、管理和访问提供一致性和规范性，也为数据的安全性、隐私保护和长期保存提供有力支持。随着信息社会的不断发展，数字档案标准的不断完善将为数字档案的有效利用和可持续管理奠定坚实基础，助力数字档案更好地为社会、企业和个人服务。

七、档案生命周期管理电子数字化

电子化处理在大数据档案中的应用中，档案生命周期管理的电子数字化成为关键的组成部分。档案生命周期管理涵盖了档案的创建、存储、保护、检索、共享、迁移和最终销毁等各个阶段，而电子化的处理方式为这些阶段的管理提供更为智能、高效的解决方案。电子化处理使得档案的创建和采集更迅速和便捷。通过数字化手段，纸质档案被转化为电子格式，大大减少了手工整理和录入的时间和劳动成本。自动化的采集工具和技术能够实现信息的自动捕捉，确保数据的准确性和完整性，这不仅提高了数据的实时性，也为后续阶段的管理奠定了坚实基础。电子化处理为档案的存储和保护提供了更为全面和智能的手段，数字档案可以通过云存储等技术实现高效而灵活的存储，摆脱了传统纸质档案需要大量实体空间的限制。同时，数字档案系统能够自动进行备份、恢复和灾难恢复，确保档案数据的安全性和稳定性。采用加密、访问控制等技术手段，电子化处理还能有效保护档案的隐私和机密性，为信息安全提供可靠保障。电子化处理为档案的检索和利用提供更智能和高效的手段。数字档案的建立智能检索系统，用户可以通过关键字、元数据等方式轻松地定位所需信息。这种高效的检索机制不仅提高了信息工作的效率，也促进了信息的共享与流通。数字档案的多媒体特性，包括图像、音频、视频等形式，使得信息表达更丰富，满足了多样化的信息需求。电子化处理为档案的共享和协同工作提供更灵活和便捷的途径。通过建立权限管理系统，数字档案能够根据用户的角色和职责划定不同的访问权限，实现了对档案信息的细粒度控制。这使得不同部门、团队之间能够在保证安全性的前提下更加方便地共享数据，推动了信息的协同利用，促进了组织内部的合作与创新。电子化处理为档案的合规性管理和长期保存提供更全面的支持。通过制定数字档案的标准和规范，确保档案的元数据和描述信息的一致性，有助于更好地满足法规和政策的合规性要求。数字档案的持久性和可追溯性，以及对数据的备份和迁移功能，为档案的长期保存提供有力保障。电子化处理在大数据档案中的档案生命周期管理应用为信息管理带来了巨大的变革。数字档案的高效创建、智能存储、便捷检索、灵活共享和合规管理等特性，使得信息管理更加智能、高效、安全，推动了数字时代信息管理的不断创新。这一趋势将随着科技的不断发展而愈加深入，为各个行业带来更智能和便捷的档案管理体验。

八、跨平台与移动访问

电子化处理在大数据档案中的应用中，跨平台与移动访问成为了信息管理的重要创新点。随着多样化的工作环境和灵活的工作方式，档案信息的无缝跨平台访问和便捷移动获取变得至关重要。电子化处理通过采用先进的技术手段，架起了不同平台之间的桥梁，实现了数据的自由流动和高效利用。跨平台访问的实现使得档案信息在不同设备和操作系统上都能够得以访问。采用统一的数字档案格式和标准，使得数据能够在 Windows、MacOS、Linux 等不同操作系统上实现良好的兼容性，此外，通过云存储和在线访问平台，用户可以在不同终端设备上实现无缝切换，确保在任何时刻、任何地点都能够方便地获取所需的档案信息。这种跨平台访问的灵活性有助于提高工作效率，适应多元化的工作需求，推动了信息管理的移动化和智能化。电子化处理通过移动访问的方式使得档案信息的获取变得更便捷。借助移动设备如智能手机和平板电脑，用户可以随时随地访问档案信息，不再受制于办公室或固定设备。通过专门的移动应用或者响应式设计的网页，用户能够方便地浏览、检索和共享档案数据。这种便捷的移动访问方式不仅提高了工作的灵活性，也促进了团队协作和业务流程的高效推动。跨平台与移动访问的实现为信息共享提供更便捷的途径。通过云端存储和在线协作平台，不同平台和移动设备上的用户可以方便地共享档案数据，实现信息的即时传递和协同编辑。这种实时共享机制有助于打破信息孤岛，促进了团队成员之间的密切合作，从而提高了组织整体的工作效率。无论是在会议室、客户现场还是出差途中，用户都能够便捷地获取、分享和更新档案信息，使得信息流通更迅速和高效。电子化处理在跨平台与移动访问中注重安全性。通过采用加密通信、身份验证和权限控制等安全手段，确保档案信息在跨平台和移动设备上的传输和访问是安全可靠的。这为企业和组织提供信心，放心地采用跨平台与移动访问方式，不仅提高了工作效率，也保障了档案信息的安全性和机密性。电子化处理在大数据档案中的跨平台与移动访问应用为信息管理带来了巨大的变革。通过实现档案信息的跨平台无缝访问和便捷移动获取，提高了工作效率、促进了信息共享与协同，推动了信息管理的数字化、移动化和智能化。这一趋势将在未来继续深入发展，为各行各业提供更加灵活、高效和安全的档案管理解决方案。

第三节　大数据支持下的档案信息检索与共享

一、大数据支持下的档案信息检索

（一）智能搜索与全文检索技术

在大数据支持下的档案信息检索领域，智能搜索与全文检索技术的发展为用户提供更高效和智能的检索体验。智能搜索技术通过深度学习、自然语言处理等先进技术的应用，使得搜索引擎能够更好地理解用户的查询意图，提供更加精准的搜索结果。与传统的关键词匹配搜索相比，智能搜索技术能够更好地处理复杂的查询语句，理解用户的语境，从而提供更个性化和符合用户期望的检索结果。全文检索技术则是一种基于文本内容的搜索方法，通过对文档的内容建立索引，实现对文本中关键词的快速检索。在大数据环境下，全文检索技术得到了更广泛的应用，能够处理海量的文本数据，为用户提供更加全面和深入的检索服务。通过对档案信息进行全文索引，用户可以快速定位到相关文档，而不仅仅局限于文档的元数据或关键词，从而提高了检索的准确性和全面性。智能搜索与全文检索技术的结合，为档案信息检索带来了双重优势。首先，智能搜索技术通过理解用户的语义意图，对用户的查询进行更为深入的分析，使得检索结果更加贴近用户的实际需求。其次，全文检索技术在处理大规模文本数据方面表现出色，能够应对档案信息的复杂性和多样性。最后，通过建立全文索引，系统能够高效地索引和检索档案信息，提高了检索的速度和准确性。在实际应用中，这些技术的发展使得用户在面对庞大的档案信息时能够更轻松地获取所需内容。通过智能搜索与全文检索技术，用户可以以更自然的语言进行查询，而不再局限于繁琐的关键词组合，使得档案信息的检索更贴近用户的使用习惯，提高了信息检索的用户体验。大数据支持下的档案信息检索借助智能搜索与全文检索技术的不断创新与发展，不仅实现了对大规模档案信息的高效处理，为用户提供更加智能、全面和个性化的检索服务。这一发展趋势不仅推动了档案管理的现代化，也为用户在信息检索过程中带来了更大的便利和效益。

（二）语义搜索与关联分析

在大数据支持下的档案信息检索领域，语义搜索与关联分析技术的蓬勃发展为用户提供更智能和深层次的检索体验。语义搜索技术通过深度学习、自然语言处理等先进技术，使得搜索引擎能够更好地理解用户的查询意图，理解语义关系，进而提供更加精准、智能的搜索结果。相较于传统的关键词匹配，语义搜索技术能够更好地处理用户查询中的复杂语境，提供更符合用户意图的检索结果，使得用户无需拘泥于特定的词汇，而能够以更自然的语言进行检索。关联分析技术则是一种通过挖掘数据之间关联关系的方法，通过发现数据项之间的潜在关系，提供更全面的检索结果。在档案信息检索中，关联分析技术可以分析不同档案信息之间的关联性，从而为用户呈现更多相关的信息，使得用户在查找某一特定档案时，能够同时获得与之关联较密切的其他档案，从而更全面地了解特定主题或事件的相关信息。这两种技术的结合，为档案信息检索带来了显著的优势。首先，语义搜索技术使得搜索引擎更智能，能够更好地理解用户的真实意图，降低了对于精准关键词的依赖性。其次，关联分析技术通过挖掘档案信息之间的关联关系，丰富了检索结果的维度，为用户提供更全面的信息视角。用户不再受限于特定关键词的匹配，而能够更深入地了解与查询主题相关的其他信息。在实际应用中，这些技术的发展使得用户在处理海量档案信息时能够更轻松地获取所需内容。最后，通过语义搜索，用户可以以更自然、更灵活的语言进行查询，而不再受到语言表达的限制。关联分析技术的应用使得用户在查找一个档案时能够迅速获得与之相关的其他档案，提升了信息检索的深度和广度。大数据支持下的档案信息检索在语义搜索与关联分析技术的引领下，不仅实现了对大规模档案信息的智能检索，也为用户提供更深度和全面的信息获取体验。这一发展趋势不仅推动了档案管理的现代化，也为用户在信息检索过程中带来了更大的灵活性和智能性。

（三）基于用户行为的个性化推荐

在大数据支持下的档案信息检索领域，基于用户行为的个性化推荐技术为用户提供更智能和个性化的档案信息获取方式。这一技术利用用户在系统中的行为数据，如搜索记录、浏览历史、下载频率等，通过大数据分析和机器学习算法，能够深入洞察用户的兴趣、偏好和习惯，从而实现对用户个性化需求的精准理解。个性化推荐技术的核心思想是通过分析用户的历史行为，挖掘用户的兴趣模式，然后预测用户未来可能感兴趣的内容，从而为用户推荐更符合其个性化需求的档案信息。在档案信息检索系统中，这项技术不仅提高了检索的准确性，更重要的是为用户提供更贴近其真实需求的服务，极大地提升了用户体验。通过大数据分析用户行为数据，系统能够准确捕捉用户的兴趣点，例如，当用户频繁检索或下载某一主题的档案时，系统可以推断该用户对这一主题具有浓厚兴趣。基于这种兴趣模式的建模，系统能够向用户推荐更多相关主题的档案，进一步满足用户的信息需求。这种个性化推荐机制不仅提高了档案信息的发现效率，也让用户在海量信息中更容易找到符合个性化需求的内容。基于用户行为的个性化推荐技术还可以提供实时性的服务。通过对用户实时行为的监测，系统能够动态地调整个性化推荐策略，及时适应用户的兴趣变化，例如，当用户在某一时期内表现出对某一主题的浓厚兴趣时，系统可以在该时期内加大对相关主题的推荐力度，确保用户获取到新的档案信息。基于用户行为的个性化推荐技术在大数据支持下为档案信息检索带来了巨大的优势。通过深入挖掘用户行为数据，系统不仅能够更好地理解用户的兴趣和需求，也能够实时调整推荐策略，为用户提供更智能、个性化的档案信息服务，使用户在庞大的档案信息中更轻松地找到符合其个性化需求的内容。这一技术的发展将推动档案信息检索系统朝着更智能、人性化的方向迈进。

（四）多模态信息检索

在大数据支持下的档案信息检索领域，多模态信息检索技术的兴起为用户提供更全面、直观的档案信息获取体验。传统的文本检索方式在某些场景下可能无法满足用户的需求，而多模态信息检索通过整合多种数据模态，如文本、图像、音频等，为用户提供了更丰富的信息检索手段。多模态信息检索的核心思想是将不同模态的数据进行有效融合，使得用户能够在一个统一的检索系统中获取来自多种媒体类型的信息。举例而言，用户可以通过文本查询、图像搜索或语音输入等方式来检索相关档案信息，系统能够智能地综合各种模态的数据，提供更全面的检索结果，使得用户能够更直观地获取所需信息，也为特定场景下的信息检索提供更多可能性。在档案信息检索中，多模态信息检索技术的应用涵盖了多种媒体类型。对于图像数据，系统可以通过图像识别技术提取图像特征，使用户能够通过图像查询获取相关档案信息。对于音频数据，语音识别技术可以将用户的语音输入转化为文字，从而进行文本化的检索。这样的综合利用不同模态信息的方式，极大地提升了用户在档案信息检索中的灵活性和全面性。多模态信息检索技术的另一个优势在于能够弥补单一模态的不足。在处理特定主题的档案信息时，用户可能会同时需要文本描述、相关图片以及相关音频资料。通过多模态信息检索，系统能够将这些不同模态的信息进行关联，为用户提供更全面和立体的了解。这不仅增加了检索结果的多样性，也满足了用户在获取信息时的多层次需求。多模态信息检索技术在大数据背景下为档案信息检索带来了显著的进步。通过整合不同模态的信息，系统为用户提供更全面、灵活和直观的检索体验。这一技术的发展不仅丰富了档案信息检索的方式，也在更广泛的领域中为信息获取提供新的思路和可能性。

（五）实时性和即时检索

在大数据支持下的档案信息检索领域，实时性和即时检索成为用户体验和信息获取的重要关键点。随着数据量的不断增加，用户对于获取实时信息的需求也日益增长。在这一背景下，实时性和即时检索技术应运而生，为用户提供了更迅速、更灵活的档案信息检索服务。实时性成为档案信息检索的重要指标，大数据时代，档案信息的更新速度愈发快速，用户需要获取即时的信息以满足其工作和研究需求。实时性技术通过持续监测数据源的变化，及时更新索引和检索结果，使用户能够获得新的档案信息。这种技术不仅提高了用户获取信息的效率，同时也确保了检索结果的准确性和时效性。即时检索技术则注重用户在查询时的响应速度，随着档案数据量的增加，传统的检索方法可能存在响应速度较慢的问题。即时检索技术通过优化检索算法、提升系统性能等手段，实现更迅速的查询响应。用户能够在输入查询条件后迅速获取相关的档案信息，使得检索过程更加流畅和高效。在实际应用中，实时性和即时检索技术为用户提供更便捷、高效的档案信息检索体验，例如，在法律、医学等领域，及时获取新的法规、医学文献等信息对于决策和研究至关重要。实时性和即时检索技术的应用使得用户能够随时随地获取到新的档案信息，提高了其工作和学术效率。实时性和即时检索技术在大数据支持下，为档案信息检索领域带来了革命性的改变。用户不再需要等待漫长的检索时间，而是能够以更迅速、即时的方式获取到所需信息，从而更好地应对信息快速更新和获取的挑战。这一技术的发展将持续推动档案信息检索系统朝着更高效、实时的方向发展。

（六）大规模分布式计算和存储检索

在大数据支持下的档案信息检索领域，大规模分布式计算和存储检索技术为处理庞大的档案数据提供有效手段，实现了更高效、更可靠的检索服务。这一技术的出现与发展，为档案信息管理和检索带来了革命性的变革。大规模分布式计算和存储技术通过将计算和存储资源分布式部署，实现了档案信息的高效管理和处理。传统的中央集中式存储方式在处理大规模档案数据时可能会面临性能瓶颈和存储压力，而分布式计算和存储系统通过将数据分散存储在多个节点上，使得数据的读写和检索操作能够并行进行，大幅度提高了系统的整体性能。这种分布式架构还具有更好的容错性，一旦某个节点发生故障，其他节点仍然能够正常工作，确保系统的稳定性和可用性。大规模分布式计算和存储技术充分利用了云计算平台的优势。云计算提供高度灵活的计算和存储资源，使得档案信息的管理能够根据需求进行弹性扩展。无论是存储容量的增加还是计算能力的提升，云计算平台都能够迅速响应，使得档案信息检索系统能够应对日益增长的数据规模和用户请求，这种弹性的特性为档案信息管理带来了更好的可伸缩性和适应性，大规模分布式计算和存储技术还为档案信息的全局检索提供更高效的手段。通过将数据分布式存储在不同地理位置的节点上，系统能够实现全球范围内的数据检索，满足不同地区用户的检索需求。这种全局检索的方式不仅加速了信息的传递和获取，也促进了档案信息在全球范围内的共享与合作。大规模分布式计算和存储检索技术为档案信息检索带来了巨大的改变。通过充分利用分布式计算和存储的优势，系统在处理大规模档案数据时更高效、灵活，具备了更好的容错性和全球范围内的检索能力。这一技术的不断演进将继续推动档案信息管理领域朝着更先进、可持续的方向发展。

二、大数据支持下的档案信息共享具体路径

（一）构建数字档案信息共享平台，为数字档案贡献提供平台支撑

在构建数字档案信息共享平台，为数字档案贡献提供平台支撑的过程中，数字档案云平台的打造是关键一环。数字档案云平台通过整合多样化的接口技术，涵盖了数据交换、计算机网络、光学字符识别、全文检索等技术，旨在实现对档案资源的高效管理与共享。现代化的虚拟化技术使得该平台能够将不同地区、不同层级的档案进行汇总与梳理，根据用户的喜好输出档案信息，从而提高档案服务的效率和用户体验。在数字档案信息共享的实现过程中，云平台的建设具有至关重要的战略意义。

在数字档案云平台的建设中，关键在于整合各种接口技术，确保数字档案资源能够以标准化的方式进行交换与共享。数据交换技术能够实现不同系统之间的信息传递，计算机网络则提供数字档案数据远程访问的便利性，光学字符识别（OCR）技术和全文检索技术则为数字档案的内容提取和检索提供支持，使得用户能够更方便地获取所需信息。现代虚拟化技术的应用使数字档案云平台得以实现对不同地区和层级档案的集中管理与汇总，这项技术使得数字档案资源能够在虚拟的环境下进行灵活转换，适应不同的数据结构和需求，从而实现档案信息的多样化输出，提高用户体验。云平台不仅在档案资源整合方面发挥了作用，同时也为数字档案的安全性、可靠性提供保障。服务理念的更新是数字档案云平台建设的基础，档案部门需要顺应时代潮流，不仅要拓宽服务覆盖面，更要增强服务模式的开放性和主动性。通过利用互联网来丰富档案服务项目，将档案管理的专业特长发挥得淋漓尽致，提升信息服务的深度和广度。这种更新的服务理念不仅使得数字档案信息更好地满足用户的需求，也为云平台的建设提供更加宽广的空间。云存储平台的构建是数字档案信息共享的关键步骤之一，该平台需要采用统一的标准，以规范管理数字档案信息资源。通过引入虚拟化数字技术，云存储平台能够将多个数据访问接口整合，实现数字档案资源的灵活转换，这项技术不仅能够丰富信息资源的内涵，更能保证存储结构的合理性和稳定性。此外，通过异地备份等手段，云存储平台为数字档案信息的安全性提供一定的保障，即使在系统故障时也能够迅速恢复。搭建云服务平台是数字档案信息共享的又一关键步骤。在共建过程中，云服务平台的搭建有助于提升数字档案馆信息处理与共享能力。用户

对档案信息的需求已经不再满足于获取零散的原始信息，而是期望档案馆能够对这些信息进行加工处理，直接利用信息化技术解决问题。在云服务平台中，用户的请求会触发平台生成相应的参数，进而访问下层云数据，获取元数据并返回至应用层。此外，云服务平台还能对用户进行认证，维护数据安全，并提供快速检索服务，进一步提升用户体验。通过以上路径，数字档案信息共享平台的构建将为数字档案的贡献提供全面支撑。数字档案云平台的搭建、服务理念的更新、云存储平台的构建以及云服务平台的搭建等关键步骤将共同推动数字档案领域的发展，为用户提供高效、安全、智能的数字档案信息服务。这一综合性的平台将促使数字档案管理走向更加现代化，推动数字档案资源的充分利用与共享。

（二）加强数字档案信息资源整合，提升数字档案信息的服务能力

为加强数字档案信息资源整合，提升数字档案信息的服务能力，必须对数据挖掘与分析技术运用予以充分重视，并加强数字档案馆的合作与共享意识，以便更好地整合档案资源。由于当前数字资源类型多样，规模庞大，分散在不同行业与部门中，且彼此之间关联性较弱。档案馆采用的检索工具和构建的数据库存在差异，导致未能建立起密切的联系，使得统一管理档案信息资源变得困难。因此，数字档案信息资源共享的建设需要得到充分的重视，需要识别档案信息资源并提高搜集效率，将零散的档案信息资源汇总，针对不同用户进行资源动态性重构，运用过滤、挖掘、集成等技术为用户提供定向服务。为了有效地提升数字档案信息的整合利用水平和档案信息的服务能力，档案部门应该通过建设数字档案室，实现对数字档案的规范化、网络化、现代化存储。数字档案室是负责运用现代信息技术对电子档案和传统载体档案数字副本数字档案信息进行有效的采集、整理、存储和管理的机构，并为档案信息数据共享利用提供支持的档案信息集成管理平台。数字档案室的主要特征包括档案资源数字化、档案实体虚拟化、档案管理系统化以及信息传递网络化等。在建设数字档案室的过程中，应该坚持"资源为先、标准规范、整体推进、安全运行"的原则。首先，推进档案数字化战略是关键步骤，要实现对传统载体档案资源的数字化加工，进行统一的标准化、数字化管理，确保数字档案的高效利用。其次，推行文档一体化是不可忽视的要素，以确保不同系统、不同阶段形成的电子文件可以及时完整地归档，为档案信息的完备性提供支持。再次，实现数字档案室与档案馆的一体化是关键目标，要确保数

字档案能够及时移交，实现数字档案室和档案馆之间的紧密衔接。最后，执行严格的档案安全防护和保密制度是至关重要的，以确保档案数据在传输、存储和传递过程中的安全性。通过这些措施，可以进一步推动数字档案信息资源共享的进程，加强对数字档案信息的整合，提升服务能力。数字档案室的建设将为数字档案管理带来新的发展机遇，推动数字档案领域朝着更加规范、高效、安全的方向发展。

（三）创新数字档案信息服务方式，充分发挥数字档案信息的价值

为了充分发挥数字档案信息的价值，创新数字档案信息服务方式至关重要。档案共建与共享的根本目标是为用户提供良好的服务，因此，在具体工作中必须及时对数字档案信息资源服务方式进行创新，以适应用户需求的不断变化。要分析档案用户需求，大数据技术在这方面发挥了不可替代的作用。它可以将碎片化的档案信息资源整合到一起，构建档案信息数据库，通过对大量数据的分析，预测数字档案信息资源在下一阶段的发展趋势。基于这些分析结果，可以根据用户需求提供更加精准和有效的档案服务项目，实现数字档案信息资源与用户需求的紧密衔接，为共享共建数字档案信息资源奠定基础，提供定制化、个性化的服务方式是创新的关键。数字档案信息资源共享已成为不可阻挡的发展趋势，而在建设数据库的过程中应体现出特色。选择定制化、个性化的服务模式，确保用户可以随时随地检索和查阅档案资料。在服务中安排专人在线与用户进行交流，以确保用户的需求能够得到快速而个性化的回应。建设"一站式"信息资源共享与服务平台。在智慧城市建设的背景下，档案部门应当努力推进区域内的档案信息资源整合，使社会部门和公众能够及时获取不同类型的档案资源。在档案资源共建共享的过程中，搭建信息资源平台是一种有效的方式，它能够从整体上促进档案服务水平的提升。在平台的建设过程中，大数据技术是不可或缺的工具，通过仿真计算、方差分析、数据挖掘等技术，了解档案用户的诉求与建议。这有助于为用户拓宽档案信息资源获取渠道，优化服务方式，注重时效性，与地方社会中长期发展规划保持一致的步调，与外部社会部门及时传递信息，产生交互服务、协同应用的效果。通过这些创新方式，可以进一步推动数字档案信息资源的共享共建，使其更好地服务于用户，充分发挥数字档案信息的价值，这不仅有助于满足用户多样化的需求，还能够促使档案服务更加贴近社会发展和用户期望。

（四）完善数字档案信息资源共享标准，实现数字档案信息共享标准化

为了淋漓尽致地体现出大数据技术的价值，数字档案信息资源共享需要制定合理而统一的标准，以实现数字档案信息共享的标准化。在具体工作中，有以下几个关键方面需要重点关注：（1）整理半结构化、非结构化数据。数字档案信息资源通常涵盖了多种数据类型，包括半结构化和非结构化数据。要通过制定统一的标准，将这两类数据囊括进数字档案信息资源库。这涉及对不同数据类型的处理方法和规范的建立，以确保数字档案信息能够按照一致的标准进行管理和共享。（2）设立档案信息资源处理中心。为了实现数字档案信息共享的标准化，需要设立专门的处理中心，负责集中采集、处理、分析、存储档案信息资源。这个处理中心应当遵循事先设定的标准，通过自动化的手段对数字档案信息进行处理和管理，确保数据的一致性和可靠性。发挥P2P等技术的优势。在馆际之间创建对等网络，整合存储位置不同的档案信息资源。P2P技术可以实现去中心化的数据传输和共享，使得不同档案馆之间能够更加便捷地共享数字档案信息。（3）通过自动化的方式对零星化的档案信息资源进行整合与加工，可以有效提高数字档案信息的共享效率。数字档案信息资源共享服务平台的搭建也是关键。通过建立共享服务平台，能够在馆际之间形成资源互补，使数字档案信息能更好地满足用户需求。共享服务平台应当遵循统一的标准，提供便捷的接口和功能，以促进数字档案信息的共享与交流。通过这些措施，可以完善数字档案信息资源共享标准，实现数字档案信息共享的标准化。这有助于提高数字档案信息的管理效率和质量，促进不同档案馆之间的协同合作，使数字档案信息更好地为用户服务。

（五）加强数字档案信息共享人才队伍建设，保障数字档案信息资源的有效共享

为了保障数字档案信息资源的有效共享，档案部门需要加强数字档案信息共享人才队伍的建设。以下是一些关键措施。树立档案工作者的档案信息共享思维。在档案共享体系中，档案管理者是沟通档案生产者和使用者的关键角色。他们应当具备深度的档案信息共享思维，意识到档案信息的广泛服务面和重要价值。在大数据背景下，档案工作者需要紧密关注档案用户的需求，遵循协同理念，与相关部门协同推进工作，以确保档案资源的全面共享。引进和培养专业化的数字档案管理人才和计算机安全监

管人才。数字档案管理需要专业知识和技能，以有效地整合、管理和共享档案信息资源。数字档案信息的安全性也至关重要，因此需要培养具备计算机安全监管能力的人才。为了满足大数据技术应用的需求，档案部门要完善人才队伍的年龄结构、学历结构和能力结构，确保队伍具备适应数字档案信息共享工作的实际需求。要注重通过完善的培训机制提升员工的专业素质和能力。档案工作者需要不断更新自己的知识，适应数字档案信息共享工作的新要求。培训可以包括数字档案管理的专业知识、大数据技术的应用、信息安全管理等方面。通过培训，可以提高员工的档案信息资源共享思想意识和实际工作能力，使其更好地适应数字档案信息共享的要求。加强数字档案信息共享人才队伍的建设是确保数字档案信息资源有效共享的关键。通过培养具备专业知识和技能的人才，树立共享思维，不断提升员工的能力和素质，可以更好地应对数字档案管理的新挑战，实现数字档案信息的高效共享。

第三章 大数据环境下的档案隐私与合规性管理

第一节 档案隐私保护的伦理要求

一、尊重个体隐私权

档案隐私保护的伦理要求是尊重个体隐私权益，这一伦理要求强调在档案管理和处理个人信息的过程中，必须以尊重、保护个体隐私为核心价值，确保档案工作在合法合规的基础上积极履行社会责任。尊重个体隐私权益是档案隐私保护的核心伦理，这一原则体现了对个体隐私的高度尊重和保护，旨在确保档案工作在获取、使用和管理个人信息时不侵犯个体的合法权益，以维护信息自主权和隐私权。尊重个体隐私权益要求档案工作机构在整个信息处理周期中采取合法、正当和透明的方式获取和处理个人信息。在信息收集的起始阶段，应当明确告知信息主体档案处理的目的、方式和范围，确保信息主体充分了解其个人信息将被如何使用，从而能够有明晰的知情权。尊重个体隐私权益意味着在档案工作中要采取必要的技术和组织措施，确保个人信息的安全性，，包括数据加密、访问权限管理、安全审计等措施，以防范个人信息泄露、滥用或未经授权的访问。通过建立健全的信息安全管理体系，档案工作机构可以有效地保障个体隐私权益，尊重个体隐私权益要求档案工作机构在信息使用和共享时遵循最小化原则，即在达到特定合法目的的范围内收集、使用和共享必要的个人信息，不得以不必要的方式收集或使用信息，避免信息主体的隐私权益受到不必要的侵犯。档案工作机构应当明确规定个人信息的存储期限，确保信息不被无限期地保留，在信息不再符合处理目的或法定存储期限到期时，要及时删除或匿名化个人信息，以降低信息泄露风险，保护个体隐私。尊重个体隐私权益的伦理要求档案工作机构与信息主体建立信任关系，提供透明的信息处理政策，并为信息主体提供有效的投诉和申诉渠道。通过这种透明、互动的方式，可以增强信息主体对档案工作的信任，确保信息管理工作得到更广泛的社会支持。尊重个体隐私权益是档案隐私保护的伦理要求的基石之一。通过遵循法律法规，建立健全的信息安全管理体系，最大程度地保障信息主体的知情权和自主权，档案工作机构可以在尊重隐私的前提下高效开展工作，为社会提供安全可靠的档案服务。

二、明示告知和知情权尊重

档案隐私保护的伦理要求中，明示告知和知情权尊重是一项至关重要的原则，旨在确保档案工作机构在处理个人信息时对信息主体进行明确、透明的告知，尊重其知情权，使其能够充分理解并自主决策是否同意信息处理。明示告知和知情权尊重是档案隐私保护中一项关键的伦理要求，它强调了在信息处理活动中对信息主体进行明确、透明的告知，以确保其隐私权益得到最大程度的尊重和保护。这一原则反映了对信息主体知情权的充分尊重，是档案工作机构应当严格遵守的核心准则。明示告知是指在档案处理个人信息之前，档案工作机构有责任通过明确、清晰的方式向信息主体传达档案处理的目的、方式和范围，这包括告知信息主体档案工作的合法性，以及信息主体的知情权和自主权。明示告知要求档案工作机构在信息收集的初期即向信息主体提供充分的信息，确保其对档案处理活动有充分的了解，以便知情权得以实现。知情权尊重要求档案工作机构在明示告知的基础上充分尊重信息主体的知情权。这意味着信息主体应当具有完全的知情权，能够了解其个人信息将被如何使用、存储、共享等。信息主体有权知晓档案处理的具体目的，例如为了保护历史文献、提供公共服务、开展学术研究等。档案工作机构在信息处理中应当鼓励信息主体提出问题，并积极回应其关切，以确保信息主体充分了解和理解信息处理活动。知情权尊重要求明示告知不仅仅是一次性的，更是信息处理活动中的持续性过程。档案工作机构应当随着信息处理活动的进行，不断更新并告知信息主体档案处理的最新动态，特别是当档案处理的目的、方式或范围发生变化时，这有助于确保信息主体在整个信息处理周期中持续了解信息处理的情况，保障其知情权和自主权。在实际操作中，档案工作机构可以通过制定明确的隐私政策和告知模板，以简明易懂的方式向信息主体传递关键信息，同时，可以借助多种沟通渠道，如网站公告、电子邮件通知等，确保信息主体能够及时获知相关信息。明示告知和知情权尊重是档案隐私保护伦理要求中的基石之一。通过清晰的告知和充分尊重知情权,档案工作机构可以建立更加信任和合作的关系,确保信息主体在信息处理中能够充分行使其知情权和自主权,实现档案隐私保护的最终目标。

三、最小化数据原则

最小化数据原则是档案隐私保护中的一项重要伦理要求,其核心理念在于档案工作机构在处理个人信息时,应仅收集、使用和保留达到特定目的所必需的最少量的信息。这一原则的扩写有助于理解其在档案隐私保护中的关键作用,强调了对个人隐私的最大程度尊重和信息处理的合理性。在档案隐私保护的伦理框架下,最小化数据原则的实施要求档案工作机构在信息处理中以谨慎和审慎的态度对待个人信息。最小化数据原则强调了信息的合法、正当性。档案工作机构在进行信息收集时必须确保其合法合规,明确信息的处理目的,并在此范围内仅收集和使用必要的信息。在数字化档案处理中,只有与保护文献完整性和提供服务等明确目标相关的信息才能被合法收集。最小化数据原则要求档案工作机构在信息处理中避免过度收集和保留不必要的信息。这意味着在信息的采集、使用和存储过程中,档案工作机构必须确保只有与实现特定目的相关的,且必要的信息被处理。通过限制信息处理的范围,可以降低信息主体的隐私风险,减少潜在的滥用和泄露可能性。最小化数据原则要求档案工作机构在信息处理中进行仔细的权衡和取舍,即在确保档案工作目标实现的同时,要精确勾勒出信息处理的范围,确保所收集的信息不仅是必要的,而且是最为关键和有效的部分。例如,在医疗档案管理中,只有与治疗和健康状况密切相关的信息才能被视为必要的信息,而其他非关键信息当被排除。最小化数据原则鼓励档案工作机构采用先进的技术手段,例如数据匿名化、脱敏等方法,以降低信息处理中的隐私风险。通过这些技术手段,可以有效保护信息主体的隐私,同时实现合理的信息处理目标。最小化数据原则在档案隐私保护的伦理要求中扮演着关键角色。通过合法、透明、审慎的信息处理,档案工作机构能够在保护个人隐私的同时实现档案管理的目标,确保信息的合理、必要和安全处理。这一原则的贯彻不仅有助于维护信息主体的隐私权益,也为档案隐私保护提供了坚实的伦理基础。

四、保护敏感信息

保护敏感信息是档案隐私保护伦理要求中的一项重要原则，其核心在于档案工作机构在处理涉及敏感信息的过程中，必须采取额外的保障措施，确保这类信息得到更严格和专业的保护。这一原则的贯彻不仅关乎个体的隐私权益，也涉及社会伦理和责任。保护敏感信息是档案隐私保护伦理要求中的一项核心原则，它强调档案工作机构在处理个人信息中特别是那些涉及敏感内容的信息时，应当采取额外的、更严格的保护措施，旨在确保敏感信息不被滥用、泄露或用于不当目的，最大程度地保障信息主体的隐私权益。保护敏感信息要求档案工作机构明确了敏感信息的范围和种类，包括个人的健康状况、宗教信仰、性取向等。在档案处理中，机构必须充分了解和辨别哪些信息属于敏感信息范畴，并对这些信息进行特殊的保护处理。在医疗档案管理中，个体的健康状况信息应当被视为极为敏感的信息，其处理需要更谨慎和专业。保护敏感信息要求档案工作机构在整个信息处理周期中都要采取适当的技术和组织措施，确保敏感信息得到有效保护，这包括加密技术的运用、访问权限的严格管理、安全审计等手段，以降低敏感信息泄露、滥用的风险。通过建立完善的信息安全管理体系，档案工作机构可以更好地保护敏感信息的机密性和完整性。保护敏感信息要求档案工作机构在信息的共享和传递过程中更谨慎。在必要的情况下，应当采用匿名化或脱敏等手段，避免直接传递个体的敏感信息。与外部合作伙伴的数据共享合作时，也要确保合作方具备足够的信息安全水平，并签署相关保密协议，确保敏感信息不会在共享过程中遭受不当使用。保护敏感信息的伦理要求还要求档案工作机构加强对员工的培训和监管，确保工作人员充分认识到敏感信息的特殊性和重要性，严守职业操守，不得滥用或泄露敏感信息，包括对敏感信息的访问权限进行限制，仅允许有必要权限的人员处理敏感信息，以确保信息的安全性。保护敏感信息是档案隐私保护伦理要求的核心之一，其实施需要档案工作机构在信息处理活动中时刻保持高度警惕，通过法律合规、技术手段、培训等多方面手段，全方位、全周期地保障敏感信息的隐私安全。只有如此，档案工作机构才能真正履行社会责任，为信息主体提供安全可信赖的档案服务。

五、不歧视原则

不歧视原则是档案隐私保护伦理要求的关键之一，强调在档案处理中，不得因为个体的种族、性别、年龄、宗教信仰、性取向等因素歧视对待个人信息。这一原则旨在确保档案工作机构在信息处理中维护每个信息主体的平等权利，防止歧视现象的发生。不歧视原则是档案隐私保护伦理要求的重要组成部分，其核心在于档案工作机构在信息处理活动中绝不允许对个体信息进行歧视，不论其种族、性别、年龄、宗教信仰、性取向等身份特征。这一原则体现了对信息主体平等权利的尊重和对社会多元性的认可，旨在确保档案管理活动在法律合规、道德尊重的前提下进行。不歧视原则要求档案工作机构在信息收集、使用和存储中要平等对待所有信息主体，不因其个体属性而采取不同的对待方式。无论信息主体的种族、性别、年龄、宗教信仰还是性取向如何，档案处理应当基于统一的法律规定和道德准则，不得因这些因素而对个体进行差别对待。在学术研究中，不应基于个体的性别或宗教信仰对其相关档案进行有意排斥或强调。不歧视原则要求档案工作机构在信息共享和传递中也要杜绝歧视行为。在与其他机构或合作伙伴进行数据共享时，档案工作机构不得因为信息主体的个体属性而限制或歧视其数据的共享。合作伙伴之间应当遵循相同的不歧视准则，共同维护信息主体的平等权益，有助于构建一个开放、包容的档案信息生态系统。不歧视原则要求档案工作机构在信息处理中要避免使用对某些群体具有潜在歧视性的标签或分类。在数据记录、分类、标签化的过程中，应当建立公正、客观的标准，确保信息主体的个人身份属性不会被误导性地或有意地用于不当的分类和处理，这有助于避免信息主体因其身份特征而受到负面影响。除此之外，不歧视原则还要求档案工作机构在招聘、培训以及内部管理等方面不得以个体的身份特征为基础进行歧视性操作。在档案工作团队中，应该倡导多元性和平等机会，确保所有成员在档案处理中得到公正对待。不歧视原则在档案隐私保护伦理要求中具有重要意义。通过严格执行不歧视原则，档案工作机构不仅能够履行法定责任，也能够建立一个公正、公平的信息处理环境，为社会提供更可靠、平等的档案服务。这一原则是维护个体隐私权益和社会公正的基石，需要在档案管理实践中得到切实的贯彻。

六、道德审慎

道德审慎是档案隐私保护伦理要求中的基础原则之一，强调档案工作机构在处理个人信息时必须遵循高度的道德标准，确保信息主体的隐私权益得到最大程度的尊重和保护。这一原则要求档案管理者在制定政策、进行信息收集和使用，以及开展其他档案处理活动时，要保持慎重、审慎和诚信的态度。道德审慎原则强调档案工作机构在信息处理中应当始终坚守道德底线，不仅遵循法律法规的规定，更要注重道德和伦理标准。档案工作机构在制定档案隐私政策和流程时应当充分考虑道德因素，确保这些政策符合社会道德价值观念，不损害个体的隐私权益，例如，在历史档案保护中，对于敏感历史事件的处理应当在尊重历史真相、保护相关个体隐私的基础上进行。道德审慎原则要求档案管理者在信息收集和使用中要有高度的道德操守。在信息采集的初期，应当明确告知信息主体档案处理的目的，并在合法合规的前提下进行。此外，应当避免采集不必要的信息，确保信息处理的合理性和必要性，例如，在数字化档案管理中，对于与特定服务无关的个人信息不应当过度收集，以免违背道德审慎原则。道德审慎原则要求档案工作机构在信息共享和传递过程中要慎之又慎。在共享信息时，机构应当对合作伙伴进行道德和伦理审核，确保其有足够的信息安全水平和道德操守。对于可能涉及个体隐私权益的信息，档案工作机构应当在共享前进行匿名化或脱敏处理，最大限度地保障信息主体的隐私。道德审慎原则还要求档案工作机构在信息处理中要保持透明和诚信，这包括公开档案隐私政策，及时告知信息主体信息处理的相关事项，并允许信息主体行使其知情权和选择权。诚实守信是档案工作机构建立信任关系的基础，也是履行社会责任的关键。道德审慎原则要求档案工作机构在技术应用和创新中也要谨慎对待，确保新技术的引入不会对个体隐私权益产生负面影响。在采用人工智能、大数据等技术进行档案处理时，应当充分评估潜在的伦理风险，制定相应的伦理指南和规范，保证技术应用的道德合规性。道德审慎原则是档案隐私保护伦理要求的基石之一。通过遵循道德审慎原则，档案工作机构不仅能够在合法合规的前提下开展信息处理活动，更能够树立公信力，建立良好的社会形象，为信息主体提供更加安全、可信赖的档案服务。这一原则的实施有助于档案管理者在处理信息时始终保持清醒的伦理意识，维护个体权益，推动档案管理事业健康发展。

第二节 大数据档案隐私保护策略

一、透明度与告知机制

透明度与告知机制是大数据档案隐私保护中的关键策略，旨在确保档案管理者和数据处理机构对信息主体明确透明地说明数据收集、使用和处理的目的、方式和范围。这一策略的实施不仅有助于建立信任，还使信息主体能够行使知情权，更全面地参与到数据处理的过程中。

透明度是大数据档案隐私保护的第一要素。档案管理者应当建立透明的数据处理流程，明确公示相关政策和规定，向信息主体提供清晰的信息搜集和使用说明。这种透明度不仅表现在隐私政策的公开透明，还包括档案处理活动的透明，即信息主体应当能够了解其档案数据如何被收集、分析和应用。

告知机制则是透明度的具体实践，是通过及时、清晰、明了的告知方式向信息主体传达档案处理活动的相关信息，这包括但隐私政策声明、网站通告、移动应用的用户协议等。告知机制的设计要简明扼要，使信息主体在短时间内能够理解档案处理活动的核心信息，包括数据用途、处理方式、是否会涉及第三方共享等。

一个成功的透明度与告知机制需要满足以下几个关键要点：明确的目的和方式。透明度要求档案管理者明确阐述档案数据收集的目的和处理的方式，确保信息主体在提供信息时具有清晰的预期和了解。简明扼要的语言。告知机制应当采用简明扼要、易于理解的语言，避免使用过于专业或模糊的词汇，确保信息主体能够充分理解档案处理活动的要点。及时更新告知。档案管理者应当确保告知机制能够及时更新，及时告知信息主体有关档案处理活动的任何变更，保障信息主体随时了解数据处理的新情况。多样化的告知方式。为了确保信息主体全面获取信息，告知机制应当采用多样化的方式，包括网站通告、弹窗提示、电子邮件通知等，使信息主体在各种情境下都能够得知相关信息。透明度与告知机制的实施有助于建立起信息主体与档案管理者之间的信任关系，使信息主体更加愿意参与到大数据档案处理的过程中。通过这种方式，不仅能够满足法规对于告知义务的要求，更能够在技术快速发展的时代中维护信息主体的知情权和隐私权益。透明度与告知机制是大数据档案隐私保护策略的重要组成部分，为构建公正、负责任的数据处理环境奠定了坚实基础。

二、匿名化与脱敏技术

在大数据时代，档案隐私保护成为一项至关重要的任务。匿名化与脱敏技术作为隐私保护的关键策略，旨在在数据处理过程中降低个体隐私信息被泄露的风险，同时确保数据的有效利用。这一技术手段的广泛应用，为档案管理者提供有效的工具，使其能够在大数据环境中平衡数据利用和隐私保护之间的关系。匿名化技术是档案隐私保护中的基础之一。通过去除或替代个体身份信息的关键特征，匿名化使得在数据处理过程中无法直接关联到具体的个体身份。通用匿名化是基础的方法，通过删除或替换姓名、身份证号等关键信息，实现对个体身份的模糊化处理。通用匿名化存在一定的限制，因为某些属性的组合可能仍然导致数据的重新识别。为此，差分隐私成为一种更先进的匿名化技术，通过在查询结果中引入噪声或干扰，即使知道了部分查询结果，也难以推断出个体的真实信息。这为档案管理者提供更高水平的隐私保护，同时确保数据的实用性，脱敏技术也在档案隐私保护中发挥着重要作用。脱敏是通过混淆、转换或模糊敏感信息，以保护个体隐私的一种手段。替换脱敏是其中的一种方法，通过将敏感信息替换为具有相似特征但不具备个体身份识别能力的值，来实现对数据的脱敏处理。模糊脱敏则通过在数据的特定部分引入模糊化，以降低信息的精确性，从而减少个体被识别的风险。一般化脱敏将数据的具体值转换为更一般的范围或类别，以减少具体数值的识别可能性。混淆脱敏则是在数据中引入噪声或混淆值，以增加数据的复杂性，从而提高隐私保护的效果。这些脱敏技术的选择取决于数据的敏感程度、使用场景以及对数据质量的要求。

在实际应用中，匿名化与脱敏技术往往结合使用，形成多层次的隐私保护机制。首先，在大数据档案处理中，可以对个体身份信息进行匿名化处理，然后对剩余的敏感信息采用脱敏技术，以确保在数据的整个生命周期中都得到了有效的保护。这种综合运用的方式有助于在大数据环境中实现对档案隐私的全面保护，既降低了隐私泄露的风险，又保留了数据的实用性。其次，匿名化与脱敏技术的应用仍然面临一些挑战和讨论。随着数据处理技术的不断发展，一些研究表明，即使经过匿名化或脱敏处理，仍存在一定的重新识别风险。因此，需要不断改进和加强匿名化与脱敏技术，以适应不断演变的隐私保护需求。匿名化与脱敏技术的应用需要综合考虑数据的特征、处理场景、法律法规等因素，因此没有一种通用的技术方案，需要根据具体情况进行选择和调整。最后，匿名化与脱敏技术的应用需要与法律法规保持一致，确保在隐私保护的同时不违反相关法规，因此需要密切关注法律法规的更新和变化。匿名化与脱敏技术作为大数据档案隐私保护的重要手段，为档案管理者提供强有力的工具，使其能够在数据处理中实现对个体隐私的全面保护。通过综合运用匿名化与脱敏技术，可以在大数据环境中平衡数据利用和隐私保护的关系，为信息社会的可持续发展提供有力支持。

三、使用先进加密技术

使用先进加密技术是大数据档案隐私保护的关键策略之一。在大数据时代，随着信息技术的飞速发展，数据处理和传输的需求也变得更加庞大和复杂。因此，采用先进加密技术成为确保档案隐私安全的有效手段，为档案管理者提供强有力的工具，以在数据处理的各个环节中保障信息主体的隐私权益。先进加密技术的应用可以涵盖大数据档案的多个方面，包括数据存储、数据传输和数据处理等环节。在数据存储方面，采用先进的加密算法对档案数据进行加密处理，以确保即便在数据存储介质遭受非法访问时，也难以解读和获取其中的敏感信息。对于大数据档案来说，存储加密技术通常涉及对整个数据库或文件系统进行加密，以提高整体档案信息的安全性。在数据传输方面，采用先进的加密协议和算法，保障在数据传输过程中的隐私安全。这可以通过使用安全套接字层（SSL）或传输层安全（TLS）等协议来实现，确保数据在网络传输过程中的机密性和完整性。对于大数据档案而言，由于数据量庞大，对传输的效率要求较高，因此需要选择适用于大数据场景的高效加密算法，以保证隐私安全的同时不影响系统性能。在数据处理方面，先进加密技术也可以在对数据进行计算和分析时发挥作用。同态加密是一种先进的加密技术，允许在加密状态下对数据进行计算，而无需解密即可获得结果。这在大数据档案隐私保护中具有重要意义，在数据处理和分析过程中保持敏感信息的加密状态，提高了隐私保护的深度。

采用先进加密技术的优势在于能够在不影响数据利用的前提下，有效地降低数据被非法获取或篡改的风险。先进加密算法的复杂性和安全性使破解成本大幅提高，为档案隐私提供强大的安全屏障。在实际应用中，选择合适的加密算法和密钥管理方案显得尤为重要，以保障加密系统的可靠性。在法律法规方面，使用先进加密技术也需遵守相关的合规要求。某些国家或行业可能对加密算法的使用有一定规范，档案管理者需要确保其加密方案符合当地法规，避免法律纠纷和合规性问题。使用先进加密技术是大数据档案隐私保护的关键策略之一，为档案管理者提供一种高效、可靠的手段，以在大数据环境中确保隐私安全。在技术、管理和法规方面的全面考虑将有助于实现对档案隐私的全面保护，促进大数据时代隐私安全的可持续发展。

四、访问控制和权限管理

在大数据档案隐私保护的战略中，访问控制和权限管理是至关重要的一环。这一策略的主要目标是确保只有经过授权的人员能够访问、处理和管理档案数据，从而有效防范未经授权的隐私侵犯，保护个体的敏感信息。访问控制和权限管理在大数据档案中的应用，包括了对数据存储、传输和处理的全方位保护，构建了一道坚实的安全防线。在数据存储方面，访问控制和权限管理可以通过设立严格的访问权限来防止未经授权的人员获取敏感档案信息。这涉及对数据存储系统的访问进行精确控制，确保只有经过身份验证和授权的用户才能够访问、修改或删除档案数据。这一过程通常需要建立细粒度的权限控制机制，允许档案管理者根据用户的身份、角色和任务分配不同的权限，确保每个用户只能够访问其合法需要的数据。在数据传输方面，访问控制和权限管理要求在数据传输的每一个环节都设置相应的安全措施，这包括了采用加密协议，以确保在数据传输的过程中，即便数据被截获，也难以被解读。访问控制和权限管理还可以通过身份验证机制，保证数据传输的双方都是合法授权的，防范中间人攻击和数据泄露风险。在数据处理方面，访问控制和权限管理同样至关重要。档案管理者需要建立起详尽的权限体系，确保只有经过授权的用户可以进行敏感数据的计算、分析和挖掘。这不仅包括对数据的读取权限，也包括对数据的修改、删除以及分析处理的权限。这样的权限体系既能够保护档案隐私，又能够确保数据的合法利用。

在大数据档案中，可能涉及多个部门、多个用户角色，因此需要建立复杂而严密的权限管理模型，以确保每个用户只能够访问其合法权限范围内的数据，防止滥用和泄露风险。为了实现访问控制和权限管理的有效运作，需要采用先进的身份验证技术。多因素身份验证、生物特征识别、智能卡等技术手段可以有效提高身份验证的准确性，确保只有合法的用户才能够获取敏感档案信息。这种身份验证技术的应用可以在多个环节发挥作用，从而构建一个全方位的安全防线。在实践中，为了更好地应对复杂多变的隐私保护需求，访问控制和权限管理通常结合了角色管理和策略控制。角色管理可以根据用户的职责和地位设定相应的权限，简化权限管理的复杂性。策略控制则可以根据具体情况设定特定的访问策略，使权限管理更加灵活和可控。一方面，访问控制和权限管理有助于满足法律法规对于档案隐私的相关要求。不同国家和行业对于隐私的法规要求存在一定的差异，通过建立合规的访问控制和权限管理机制，档案管理者可以更好地适应并遵守当地的法律法规，降低合规风险。另一方面，访问控制和权限管理也面临一些挑战。随着大数据档案的复杂性和规模的增加，如何设计一个既灵活又安全的权限管理系统成为一项技术难题。人为因素也是一个潜在的风险，例如内部人员的恶意行为或疏忽大意可能导致档案隐私的泄露。访问控制和权限管理作为大数据档案隐私保护的重要策略，构建了一个全方位的安全防线，从数据存储、传输到处理各个环节都得到了有效的保护。在保障档案隐私的同时，也为档案管理者提供一种有效管理和控制数据访问的手段，大数据档案能够在隐私保护和数据利用之间实现平衡，为信息社会的可持续发展提供有力支持。

五、合规框架与法规遵从

大数据时代，档案隐私保护不仅仅是一项技术问题，更是一项涉及法律法规、伦理道德等多方面维度的复杂任务。合规框架与法规遵从成为大数据档案隐私保护的重要策略，其核心是确保档案管理者在数据处理过程中遵循相关法律法规的要求，保护信息主体的隐私权益，防范潜在的法律风险。建立合规框架是保障大数据档案隐私的关键一环。合规框架涉及识别、解读、应对各项法律法规对档案隐私的具体要求。档案管理者需要根据实际情况，建立适应性强、针对性强的合规框架，确保其档案隐私保护措施符合当地法规的规定。制定明确的隐私权政策和用户协议是确保合规的关键步骤。档案管理者需要向信息主体清晰地说明档案隐私的处理原则、目的、方式以及可能涉及的第三方合作等情况。用户协议应该包括个体用户对于档案数据的授权范围、权限设置等内容，确保信息主体在使用档案服务时充分了解和同意档案隐私保护的相关规定。保障信息主体的权利是合规框架与法规遵从的核心之一。档案管理者应建立健全的数据主体权利保障机制，包括信息主体的隐私查询权、更正权、删除权等。合规框架应确保信息主体能够便捷地行使自己的权利，随时了解和掌握档案数据的使用情况，并能够对不符合要求的档案数据提出合理的请求。

　　为了满足法律法规的要求，档案管理者需要在大数据档案的整个生命周期中采取严格的安全措施和数据保护控制，这包括数据加密、访问控制、身份验证、审计等技术和管理手段的实施。合规框架要求档案管理者根据具体法规要求，采取适当的措施确保档案数据的安全性和完整性，降低数据泄露的风险。在合规框架下，进行风险评估和合规审计是必不可少的步骤。档案管理者需要定期对自身的档案隐私保护措施进行评估，识别潜在的合规风险，并及时进行整改和优化。合规审计旨在验证档案管理者的隐私保护措施是否符合法律法规的要求，从而及时发现和解决合规问题。在大数据档案管理中，跨境数据传输常常是不可避免的。档案管理者需要根据不同国家和地区的法规要求，采取适当的措施保障跨境数据传输的合规性。这可能涉及数据加密、认证授权、合规协议签订等方面，确保档案管理者在跨境数据传输中不违反相关法规。在合规框架下，建立健全的响应隐私事件的预案是必要的。档案管理者需要在发生隐私事件时能够迅速、有效地应对，包括及时通知信息主体、报告有关部门、进行隐私风险评估等措施，以最小化隐私事件对信息主体的不良影响，并及时纠正问题。除了法律法规的要求外，伦理审查机制也是大数据档案隐私保护中的一项重要内容。伦理审查要求档案管理者在进行敏感数据的处理和使用时，通过伦理评估，确保其行为是符合道德伦理的，尊重信息主体的权益，避免因大数据档案的使用而引发的伦理争议。

　　合规框架与法规遵从是大数据档案隐私保护中至关重要的一环。通过建立完备的合规框架，档案管理者可以更好地适应复杂多变的法律法规环境，保障信息主体的权益，降低档案隐私泄露的风险，为大数据档案的安全可控提供有力保障。

六、风险评估与隐私影响评估

　　在大数据档案隐私保护的策略中，风险评估与隐私影响评估是不可或缺的关键步骤。这一策略的目的是通过全面系统的评估，发现和理解潜在的隐私风险，量化隐私影响，为档案管理者提供科学、精准的数据基础，以制定合适的隐私保护措施，确保大数据档案在处理过程中符合相关法律法规的要求，保障信息主体的隐私权益。风险评估是大数据档案隐私保护的起点和基础。档案管理者需要全面了解档案系统的组成、运作方式以及潜在的威胁和漏洞。风险评估的首要任务是识别各种潜在的风险因素，包括技术风险、组织管理风险、法规合规风险等。技术风险可能涉及数据泄露、未经授权的访问、系统漏洞等方面，组织管理风险可能包括内部人员的错误操作、恶意行为等，法规合规风险可能涉及档案管理不符合相关法律法规的要求。在识别了潜在风险后，风险评估需要对每种风险进行定量和定性的评估，包括风险的概率、影响程度、持续时间等方面的评估。通过这一过程，档案管理者能够了解每种风险的严重程度和可能性，以便有针对性地采取相应的风险应对措施。

隐私影响评估是风险评估的一个重要组成部分，其主要任务是评估大数据档案处理过程中对信息主体隐私权益可能造成的实质性影响。隐私影响评估通常分为定性评估和定量评估两个层面。定性评估主要通过深入分析档案系统的数据处理流程，确定可能对信息主体隐私产生重要影响的环节，例如，对于敏感信息的收集、存储、传输和处理等环节进行详细的审查，找出可能引发隐私问题的节点。定性评估的结果将帮助档案管理者理解哪些步骤可能对信息主体隐私造成实质性的不利影响，为隐私保护提供具体的方向和目标。进行量化分析。这可能包括统计学方法、模型预测、实证研究等。通过定量评估，档案管理者可以更加精确地了解各种操作对信息主体隐私权益的具体影响，为决策提供更科学的依据。

为进行风险评估与隐私影响评估，档案管理者需要充分收集和分析相关数据。这可能包括档案系统的运行日志、用户访问记录、数据流向图等。通过对这些数据的分析，档案管理者可以了解系统运行的实际状况，找出潜在的问题和隐私风险。数据的收集与分析需要综合考虑隐私、安全、合规等多个角度，确保评估的全面性和准确性。基于风险评估和隐私影响评估的结果，档案管理者需要制定具体的隐私保护措施，并将其付诸实施。这可能包括技术手段的采用，如数据加密、访问控制、身份认证等，也包括组织管理手段的调整，如规范员工操作流程、加强培训与教育等。隐私保护措施的实施需要全员参与，确保每个环节都能够得到有效的落实。在实施隐私保护措施后，档案管理者需要建立起监测与反馈机制，定期对系统进行审计，发现潜在的风险和问题。监测不仅包括技术层面的监测，还包括对员工操作的监测。建立用户反馈渠道，接受信息主体对隐私保护的反馈和投诉，及时纠正问题，提高档案管理的透明度和信任度。风险评估与隐私影响评估需要确保档案管理者在整个过程中遵循相关法律法规的要求，包括对个体隐私的尊重、合规框架的建立、透明度和信息披露等方面。档案管理者需要确保其评估过程符合当地和行业的法规标准，以降低合规风险。风险评估与隐私影响评估是大数据档案隐私保护中的关键步骤。通过科学、系统的评估，档案管理者能够更全面地了解档案系统可能面临的风险和隐私问题，为制定有效的隐私保护策略提供有力支持。这一策略不仅有助于降低隐私泄露的概率，也提升了档案管理者的隐私保护水平，促进了大数据档案的安全可控发展。

七、监督与审查机制

在大数据档案隐私保护的策略中，监督与审查机制是至关重要的环节，旨在通过建立有效的监督体系和审查机制，对档案管理者的隐私保护措施进行全面的监督和审查，确保其合规运作、降低隐私泄露风险，维护信息主体的隐私权益。

为确保大数据档案隐私保护的有效性，需要建立完善的监督体系。这一监督体系应该包括内部监督和外部监督两个层面。内部监督主要由档案管理者自身设立，负责对档案系统的日常运行进行监察，确保隐私保护措施的执行情况。外部监督可以由独立的第三方机构、政府监管机构或社会公众等参与，通过对档案管理者的隐私保护工作进行独立审查，提高监督的客观性和公正性。

监督与审查机制需要建立清晰的监督流程，确保监督工作的有序进行。监督流程应该涵盖档案系统的各个环节，包括数据采集、存储、处理、传输等关键步骤。监督流程需要规定监督的频次、方式和内容，确保监督的全面性和及时性。监督流程还应该强调对隐私保护措施的有效性进行评估，不仅关注形式合规，更注重实质保护。为确保监督与审查机制的有效运作，监督人员的培训与素质至关重要。监督人员需要具备深入了解档案隐私保护法律法规的专业知识，熟悉档案系统的运作机制，具备独立、客观、公正的审查能力。培训内容应该包括相关法律法规、档案隐私保护技术和管理手段、审查流程等多个方面，以提升监督人员的综合素质。现代科技的发展为监督与审查机制提供更便捷的工具。监督工具可以包括数据分析软件、监控系统、审计工具等。通过运用这些工具，监督人员可以更加全面地了解档案系统的运作状况，发现潜在的问题和风险，提高监督工作的效率和精度。监督工具的运用也有助于建立起对隐私保护措施的实时监控，及时发现和处理问题，降低隐私泄露的风险。审查机制是监督与审查体系的重要组成部分。审查机制主要包括定期审查和事件触发审查两种形式。定期审查是按照预定的时间节点对档案系统进行全面审查，检查隐私保护措施的执行情况，发现潜在问题。事件触发审查是在发生重大事件、风险或投诉时启动的审查机制，通过对具体事件的审查，了解其原因和处理过程，及时纠正问题，避免类似事件再次发生。

审查机制需要明确审查的具体程序和标准。审查程序包括审查的流程、参与审查的人员、审查的时间节点等方面。审查标准需要根据相关法律法规、档案系统的特点和隐私保护的要求进行制定。审查标准的制定要科学合理，能够客观评价档案系统的隐私保护水平，为监督人员提供明确的评价依据。审查机制的最终目的是发现问题、提出改进意见，并促使档案管理者进行整改。审查结果需要及时反馈给档案管理者，明确问题的具体情况和整改的要求。档案管理者需要建立起有效的整改机制，根据审查结果制定整改计划，并在规定的时间内完成整改工作。监督人员需要对整改情况进行跟踪，确保问题得到有效解决。为提高监督与审查机制的公正性和透明度，应该鼓励社会公众的参与。社会公众可以通过投诉渠道、公开听证等形式参与档案系统的监督与审查，提供第三方的监督力量，促进档案管理者加强对隐私保护的重视。社会公众的参与也有助于形成多元化的监督机制，减少监管的单一性，提高监督工作的广泛性和深度。审查机制还应该着重关注档案管理者的法规合规性，这包括对档案系统是否符合国家和地区相关法律法规的要求进行审查，确保档案管理者在隐私保护方面的操作是合法、规范的。审查人员需要具备深厚的法律知识，能够全面审查档案管理者的合规性，为建立法规合规的档案系统提供有力保障。监督与审查机制是大数据档案隐私保护的重要组成部分，通过建立有效的监督体系和审查机制，能够全面、深入地了解档案系统的运行状况，发现潜在问题，促使档案管理者加强对隐私保护的重视，降低隐私泄露的风险，维护信息主体的隐私权益。这一策略的实施不仅有助于提高档案管理者的自律水平，也有助于建立起多元、全面的监督机制，推动大数据档案的安全可控发展。

第三节 合规性管理对档案服务的影响

一、降低法律风险

合规性管理对档案服务的影响之一是降低法律风险。档案服务机构在运营过程中必须遵守相关的法律法规，确保业务操作在法定框架内进行，避免可能导致法律责任和罚款的违规行为。合规性管理通过建立明确的规章制度、流程和政策，从而为档案服务机构提供法规遵从的指导，合规性管理要求档案服务机构全面了解并遵循涉及其业务的各项法律法规。这可能涉及个人隐私保护法、数据安全法、知识产权法等多个方面的法规。通过建立专业的法务团队或与法律专业机构合作，档案服务机构能够及时获取法规更新信息，确保其业务操作符合新的法规要求，从而降低法律风险。合规性管理强调制定和实施内部合规政策和流程，以确保档案服务机构的运营活动不违反法律法规。内部合规政策通常包括规范员工行为的守则、信息处理的流程、法规遵从的培训等内容，有助于在组织内建立一种合规性文化，使员工更加意识到法规的重要性，降低因为员工操作失误或不当而引发的法律责任。合规性管理要求档案服务机构与合作伙伴建立合规性约定，包括与数据处理服务商、合作机构等的合作协议中嵌入合规性要求，确保合作方的行为符合法律法规，并对不合规行为进行相应的责任追究。这样的合规性约定有助于构建可信赖的合作生态，减少因合作方不当操作导致的法律纠纷。

合规性管理要求档案服务机构建立健全的记录和报告制度，包括对合规性检查、违规事件的记录，以及向监管机构、用户等主体报告的机制。这种记录和报告制度有助于在法律纠纷发生时提供证据支持，向监管机构展示档案服务机构的合规性努力，降低法律风险。另外，合规性管理要求档案服务机构关注法规的更新和变化，及时进行合规性的自我评估和审查。这种主动的合规性管理可以使档案服务机构更加敏感地应对法规的变动，及时调整业务操作，避免因法规的调整而导致的法律风险。合规性管理通过建立规章制度、内部政策、合作协议、记录报告制度等手段，有效地帮助档案服务机构降低法律风险。合规性的落实不仅有助于维护档案服务机构的声誉，还能提高业务的可持续发展性。因此，档案服务机构应该将合规性管理作为重要的战略考量，不断优化其合规性体系，确保业务的合法合规经营。

二、提高数据的可信度

合规性管理对档案服务的影响之一是提高数据的可信度。通过合规性管理，档案服务机构能够建立规范的操作流程、保障信息安全、遵守相关法规，从而增强档案数据的可信度。合规性管理要求档案服务机构建立明确的数据管理流程，确保档案数据的采集、存储、处理和传输等环节都符合合规性要求。规范的流程有助于减少人为操作失误，降低数据错误的概率，从而提高数据的准确性和可信度。信息安全是提高数据可信度的关键因素之一。合规性管理强调档案服务机构必须采取有效的信息安全措施，包括数据加密、访问控制、安全审计等。这些安全措施保障了档案数据不受非法访问和篡改，增加了数据的完整性和可信度。

合规性要求档案服务机构遵守隐私保护法规，特别是在处理个人敏感信息时，必须谨慎合规。确保用户个人信息的隐私得到妥善保护，有助于建立用户对档案服务的信任，提高数据的可信度。合规性管理要求档案服务机构制定并实施数据质量管理策略，包括对数据进行清洗、验证、修复等操作，确保数据的完整性和一致性。通过数据质量管理，档案服务机构能够提高数据的质量，使其更加可靠，从而提高可信度。合规性管理还要求档案服务机构建立记录和报告制度，定期对数据处理过程进行审查和检查。这种审查制度有助于发现潜在问题和错误，及时进行修正，提高数据的可靠性和可信度。合规性管理要求档案服务机构与合作伙伴建立合规性约定，明确数据的流通和使用规则，有助于避免因合作方不当操作而影响到档案数据的可信度，维护数据的安全性和完整性。合规性管理通过规范操作、强化信息安全、保护隐私、管理数据质量等手段，提高了档案服务机构的数据可信度。这不仅对用户建立信任关系具有积极作用，也为档案服务机构在市场竞争中树立优势地位提供基础。因此，档案服务机构应该将合规性管理作为关键的战略目标，不断完善合规性体系，提升数据可信度，以推动业务的可持续发展。

三、保障信息安全

合规性管理对档案服务的影响之一是保障信息安全。档案服务机构在运营过程中处理大量敏感信息，包括个人身份信息、机密文件等，因此信息安全至关重要。通过合规性管理，档案服务机构能够制定严格的信息安全政策和措施，从而有效地保护档案信息的机密性、完整性和可用性。合规性管理要求档案服务机构建立全面的信息安全政策，包括规范员工的信息处理行为、设立访问控制机制、设定密码策略、制定数据备份和恢复计划等。通过建立这些政策，档案服务机构能够规范员工行为，强化对信息的保护。档案服务机构需要采取技术手段来加强信息安全。合规性管理要求建立起先进的防火墙、入侵检测系统、数据加密技术等安全措施，以防范外部攻击和数据泄露的风险。这些技术手段能够有效地保护档案服务机构的信息基础设施，确保信息的机密性。合规性管理要求档案服务机构进行信息安全培训。员工是信息安全的第一道防线，合规性管理要求档案服务机构通过培训增强员工的信息安全意识，使其了解信息安全政策、掌握应对安全威胁的方法，从而减少人为因素对信息安全的威胁。合规性要求档案服务机构建立安全审计机制。通过对系统和数据的定期审计，档案服务机构能够及时发现潜在的安全漏洞，防范可能的信息泄露和滥用风险。安全审计有助于强化信息安全控制，提高系统的整体安全性。合规性管理要求档案服务机构建立灾备和业务连续性计划。灾备计划确保在意外事件发生时，档案服务机构能够快速、有序地进行数据备份和恢复，降低信息丢失和业务中断的风险。业务连续性计划则确保即使在紧急情况下，档案服务机构仍能提供持续、可靠的服务。合规性管理通过建立信息安全政策、采取技术手段、开展培训、实施安全审计、建立灾备和业务连续性计划等手段，有效地保障了档案服务机构的信息安全。这不仅是对用户隐私的尊重，也为档案服务机构赢得了用户信任，提升了市场竞争力。因此，档案服务机构应该将信息安全纳入合规性管理的核心考虑，不断优化安全措施，确保信息得到保障。

四、提高档案服务的规范性

合规性管理对档案服务的影响之一是提高档案服务的规范性。档案服务在处理大量敏感信息时，必须遵循一系列法规、政策和标准，以确保服务操作合法、透明、有序。通过合规性管理，档案服务机构能够建立规范的操作流程、明确的政策和标准，从而提高档案服务的规范性。合规性管理要求档案服务机构建立明确的操作流程，包括档案的采集、整理、存储、检索、传递等各个环节的具体操作规程。通过规范的操作流程，档案服务机构能够确保每一步的操作都符合法规要求，提高操作的有序性和可追溯性。合规性管理要求档案服务机构建立完善的内部政策。这些政策涉及员工行为准则、信息安全政策、隐私保护政策等。内部政策的制定有助于规范员工的行为，强调合规性要求，确保档案服务机构的运营活动在法律框架内进行。合规性管理要求档案服务机构制定符合法规要求的服务标准，包括档案的格式、存储周期、传递安全性等方面的标准。制定统一的服务标准有助于提高服务的一致性和可比性，使用户能够更加清晰地了解和评估档案服务的质量。合规性要求档案服务机构进行员工培训，确保员工了解并能够遵循相关法规和内部政策。培训内容通常包括法律法规知识、信息安全意识、隐私保护培训等。通过培训，档案服务机构能够提高员工的专业水平，增强其合规性意识，使其在服务过程中更加规范地操作。合规性管理要求档案服务机构建立与合作伙伴的规范合作机制，包括与数据提供方、合作机构等的合作协议，明确双方的权责，规范数据的流通和使用。规范合作机制有助于构建和谐的合作关系，确保合作方也遵循相关的法规和政策。合规性管理通过建立规范的操作流程、内部政策、服务标准、员工培训和规范合作机制等手段，有效地提高了档案服务的规范性。这不仅有助于确保服务的合法合规运营，也为用户提供了更加规范、透明、有序的服务体验。因此，档案服务机构应将合规性管理作为提升服务质量的重要手段，不断优化规范性管理体系，为用户提供更加可靠的档案服务。

五、赢得客户信任提升市场竞争力

合规性管理对档案服务的影响之一是赢得客户信任，提升市场竞争力。在当今信息时代，用户对个人信息和档案隐私的关注不断增加，因此，档案服务机构如果能够通过合规性管理建立可信赖的服务形象，将更容易赢得客户信任，提高市场竞争力。合规性管理要求档案服务机构遵守相关法规和隐私保护要求。通过明确合规性要求，档案服务机构能够向客户展示其在合法合规方面的承诺和努力，这有助于建立客户对服务机构的信任。客户通常更愿意选择那些能够妥善保护其个人信息和档案隐私的服务提供商。合规性管理强调透明度和信息披露，要求档案服务机构主动向客户提供关于数据处理方式、隐私政策、安全措施等方面的信息。这种透明的做法有助于建立客户对档案服务机构的信任，客户能够更全面地了解服务机构的运作模式，提高对服务的信心。合规性要求档案服务机构建立健全的数据安全措施，防范数据泄露和滥用的风险。客户通常更愿意选择那些具有较高数据安全性的服务提供商，因为这能够更好地保护其敏感信息，增加对服务机构的信任。合规性管理要求档案服务机构建立完善的投诉处理机制和用户服务体系。客户在使用服务中可能会遇到问题或有疑虑，能够迅速、专业地解决客户的问题将增加客户对服务机构的信任度。一个良好的用户服务体系也会提升客户对服务机构的整体印象。合规性要求档案服务机构对合作伙伴和供应商进行审查，确保其符合合规性要求。这种审查不仅有助于保障合作伙伴的行为合规，也能够为客户提供更安全、可靠的服务环境，增加客户对服务机构的信任感。通过合规性管理，档案服务机构能够在市场中建立起可信赖的服务形象，从而赢得客户的信任。信任是客户选择服务提供商的关键因素之一，而合规性管理的实施不仅有助于建立信任，还能够提升市场竞争力，吸引更多客户选择档案服务机构作为合作伙伴。因此，档案服务机构应将合规性管理视为提升服务品质、赢得市场竞争力的重要战略，全面推进合规性管理，以赢得客户信任并在市场中取得更大的成功。

第四章 大数据档案管理系统的设计与应用

第一节 大数据档案管理系统的架构设计

一、数据存储层

（一）分布式存储系统

大数据档案管理系统的分布式存储系统是其架构中至关重要的一部分。分布式存储系统能够有效地管理和存储大规模的档案数据，提供高性能、高可用性和可扩展性。这一系统的主要目标是有效地管理和存储大量档案数据，确保数据的高性能访问、高可用性以及系统的可扩展性。在这个分布式存储系统中，采用了先进的技术和策略，以满足对档案管理系统复杂需求的高效支持。采用了分布式文件系统，这样的系统具有高度的容错性和可扩展性，能够存储大规模的档案数据，同时通过数据切片和分布式计算模式，实现数据的快速检索和处理。分布式文件系统将档案数据划分成小块并分布存储在多个节点上，提高了系统的容错性，即使某个节点发生故障，其他节点仍能提供服务，确保了数据的可用性。为了提高读写性能，分布式存储系统采用了分布式缓存技术，这种缓存系统能够在内存中缓存热点数据，减少对底层存储系统的访问次数，加速数据的读取和写入操作。通过将热点数据存储在高速缓存中，系统可以显著提高响应速度，提供更快的数据访问体验。为了保证数据的安全性和隐私性，分布式存储系统采用了数据加密技术。对于敏感的档案数据，采用加密算法对数据进行加密存储，确保即使在数据传输或存储过程中，未经授权的用户也无法访问或篡改档案内容。这种安全机制对于满足档案管理系统对于隐私保护和合规性要求至关重要。在实现系统的可扩展性方面，分布式存储系统采用了水平扩展的策略。通过增加存储节点，系统可以处理更大规模的档案数据，而无需对整个系统进行重大改变。这种可扩展性使系统能够适应日益增长的档案数据量，确保系统在不断变化的环境中保持高效运行。在数据管理方面，分布式存储系统引入了元数据管理模块。这个模块负责记录和管理档案数据的元数据信息，包括创建时间、修改时间、档案类型等关键属性。元数据的有效管理有助于系统实现高效的数据检索和定位，提高了系统对档案数据的管理效率。大数据档案管理系统的分布式存储系统通过采用分布式文件系统、缓存技术、数据加密、可扩展性和元数据管理等策略，为系统提供强大的数据管理和存储基础。这种设计不仅确保了档案数据的高效访问和安全性，同时也为系统未来的发展提供可靠的基石。

（二）数据库系统

数据库系统在大数据档案管理系统的架构设计中扮演着至关重要的角色，其不仅用于存储档案数据的元数据和索引信息，还支持系统的高效运行和数据管理。数据库系统是大数据档案管理系统中的核心组件之一，为系统提供可靠的数据存储和管理机制。在这一架构设计中，数据库系统被用于存储档案数据的元数据、索引信息以及其他关键数据，通过高效的查询和事务处理，支持系统的各项功能和服务。对于档案数据的元数据，数据库系统采用关系型数据库。关系型数据库具有强大的事务支持和数据一致性特性，非常适用于存储需要精确查询和事务管理的元数据信息。元数据包括档案的创建时间、修改时间、创建者、档案类型等关键属性，这些信息被存储在数据库的表中，以便系统能够方便地进行查询和管理。数据库系统支持档案数据的索引管理。通过建立合适的索引结构，数据库系统能够快速定位和检索档案数据，提高系统的检索效率。对于大规模的档案数据，采用数据库索引是保障系统响应速度的重要手段。档案管理系统中，可以采用基于 B 树或哈希等索引结构，根据实际情况灵活选择。为了满足系统的高并发和高吞吐量需求，数据库系统可以采用分布式数据库或数据库集群的形式。这样的架构能够通过横向扩展来提升系统的处理能力，将负载均衡分散到多个数据库节点上，保证系统能够有效地应对大量用户同时访问的情况，提高系统的稳定性和其他性能。在数据库系统的选择上，除了传统的关系型数据库，还可以考虑使用 NoSQL 数据库。这样的数据库系统更适用于非结构化或半结构化的数据存储需求，能够更好地应对档案管理系统中各种类型的数据。为了提高系统的数据安全性，数据库系统引入了访问控制机制。通过合理配置数据库的用户权限和角色管理，确保只有授权的用户能够访问和修改档案数据，保障数据的机密性和完整性。数据库系统支持加密技术，对敏感信息进行加密存储，防止数据在存储和传输过程中被未授权者访问。在数据库系统的备份和恢复方面，系统采用定期备份策略，确保在系统发生故障或数据丢失时能够迅速恢复，包括全量备份和增量备份，以确保数据备份的完整性和时效性。数据库系统在大数据档案管理系统的架构设计中扮演着核心的角色，通过存储元数据、支持索引管理、提供高并发和分布式支持，以及确保数据的安全性和可靠性，为整个档案管理系统提供坚实的数据基础和高效的数据管理机制。

二、数据处理层

（一）批处理和流处理

数据处理层中的批处理和流处理是大数据档案管理系统架构设计中至关重要的组成部分。这两种处理模式分别应对了系统中不同类型的数据处理需求，使系统能够高效处理大规模的档案数据，确保数据的实时性和准确性。批处理是大数据档案管理系统中的一项重要功能，它主要应对大量档案数据进行离线处理和分析的需求。在批处理模式下，系统收集一定时间范围内的档案数据，将其划分为小批次，然后通过批量处理的方式进行分析、清洗和转换。这种处理模式适用于对历史数据进行全面分析、生成报表、统计趋势等场景。在批处理中，系统通常采用大数据处理框架，以支持分布式计算。这样的框架具有高度的容错性和可扩展性，能够有效处理大规模数据，并在分布式环境中实现并行计算。批处理模式的优势在于其对资源的高效利用，适合于对整体数据集进行复杂计算和分析的场景。流处理则强调对实时档案数据的处理和分析。在流处理模式下，系统能够实时捕获和处理档案数据的流动，数据的处理过程更加实时和动态。这种模式适用于对实时性要求较高的场景，如监控系统、实时报警等。在流处理中，系统通常采用流处理引擎。流处理引擎能够处理无界的数据流，支持事件驱动的处理模式，实现对实时数据的低延迟处理。流处理模式的优势在于及时发现和响应数据变化，适用于需要快速决策和实时反馈的业务场景。为了更好地适应不同的数据处理需求，大数据档案管理系统常常采用批处理和流处理的混合模式。这样的混合模式能够同时满足对历史数据的全面分析和对实时数据的实时处理需求。系统能够根据不同的数据处理任务，灵活选择采用批处理或流处理，以优化整个数据处理层的性能和效率。在具体实施中，系统需要考虑数据的一致性和同步性，确保批处理和流处理之间的数据同步。系统还需要设计合适的容错机制，以应对在大规模数据处理中可能发生的故障和异常情况，保障数据处理的可靠性。数据处理层中的批处理和流处理是大数据档案管理系统架构设计中的关键组成部分。它们通过适应不同的数据处理需求，提供全面而高效的数据处理能力，使系统能够更好地应对大规模档案数据的管理和分析挑战。

（二）数据清洗和预处理

数据处理层中的数据清洗和预处理在大数据档案管理系统的架构设计中起着至关重要的作用。这两个环节确保档案数据的质量、一致性和可用性，为后续的分析和应用提供高质量的数据基础。数据清洗和预处理是大数据档案管理系统中不可或缺的环节，主要目的是确保档案数据的质量，使其适用于各类分析、挖掘和应用场景。在数据清洗方面，系统通过一系列的操作，去除数据中的错误、冗余和不一致性，使得数据更加准确和可靠。预处理则着眼于对原始档案数据进行必要的转换、整理和标准化，以便于系统后续的分析和应用。数据清洗的过程包括对档案数据进行缺失值处理、异常值检测和纠正，以及去除重复数据等操作。系统需要设计智能的算法和规则，检测数据中可能存在的错误或异常，例如不完整的记录、超出合理范围的数值等，并对其进行处理，去除冗余和重复数据有助于减小数据存储开销，提高系统的运行效率。这一过程需要充分考虑档案数据的特点和业务需求，确保清洗后的数据能够真实、完整地反映实际情况。预处理的阶段着眼于对清洗后的数据进行标准化、转换和格式调整，以确保数据的一致性和可比性，包括统一日期格式、转换度量单位、标准化字段命名等操作，使得档案数据在整个系统中具有一致的格式和结构。预处理还包括对数据进行归一化或标准化，以便于不同数据源之间的比较和分析。这一过程旨在消除数据的异构性，使数据更容易被理解和利用。在数据清洗和预处理的过程中，系统需要考虑处理大规模档案数据的挑战。因为档案数据往往包含复杂的结构和大量的字段，所以需要采用分布式计算和并行处理的方式，以提高处理效率。系统还需要设计合适的算法和模型，对数据进行智能化的清洗和预处理，以满足不同类型档案数据的需求。为了确保数据清洗和预处理的可追溯性和可重复性，系统需要建立日志记录和版本控制机制，记录清洗和预处理的操作历史，方便进行数据溯源和回溯。这有助于保障数据处理过程的透明性和质量控制。数据清洗和预处理是大数据档案管理系统架构设计中至关重要的环节，通过这两个过程，系统能够获得高质量、一致性和可用性的档案数据，为后续的分析和应用提供可靠的数据基础。

（三）数据转换和转码

数据转换和转码在大数据档案管理系统的架构设计中扮演着关键的角色，它们确保档案数据能够在系统内部和外部的各种环境中被正确识别、处理和共享。数据转换和转码是大数据档案管理系统中的关键环节，主要目的是将档案数据从原始的格式、结构或编码转换为系统内部所需的标准化形式，以确保数据能够被高效地处理、分析和共享。这个过程涉及多种数据处理操作，包括格式转换、编码转换、字段映射等，以满足系统内部的数据一致性和可用性要求。格式转换是数据转换过程中的一个重要组成部分。档案数据来源的不同，采用不同的格式和结构，系统需要将这些异构的数据转换为统一的内部格式，例如，将 CSV 格式的档案数据转换为 JSON 格式，或者将关系型数据库中的数据转换为文档型数据库的格式。这种格式转换有助于消除数据异构性，使系统能够更加灵活地处理不同类型的档案数据。编码转换是在多语言环境下的必要步骤。档案数据中包含不同的字符编码，系统需要将其转换为内部标准的字符编码，以确保数据的正确解析和处理，例如，将 UTF-8 编码的数据转换为 ISO-8859-1 编码，或者进行 UNICODE 和 ASCII 之间的转码。编码转换有助于系统正确地处理不同语言环境下的档案数据，提高数据的可用性和互通性。字段映射是数据转换中的关键操作之一。不同来源的档案数据往往具有不同的字段命名和结构，系统需要进行字段映射，将不同来源的数据映射为系统内部的统一字段。这一过程涉及字段名的对应关系、数据类型的匹配等方面。字段映射有助于确保数据在系统内部的一致性，使不同来源的档案数据能够无缝整合在一起。数据转换和转码的过程中还需要考虑数据的清洗和校验，以确保转换后的数据质量。系统需要设计相应的算法和规则，检测和修复在转换过程中可能出现的错误、异常或不一致性，保障数据的准确性和完整性。在大数据档案管理系统中，由于数据量庞大，系统往往需要采用分布式计算和并行处理的方式，以提高数据转换和转码的效率，同时，系统还需要考虑数据处理的实时性和延迟要求，确保数据能够在系统中流畅地流转和使用。数据转换和转码是大数据档案管理系统中的关键步骤，通过这一过程，系统能够将异构的档案数据转换为统一的内部格式，以满足系统对数据一致性和可用性的需求，为后续的分析和应用提供高质量的数据基础。

三、元数据管理

（一）元数据存储

元数据存储是大数据档案管理系统架构设计中的关键组成部分，其目的在于有效地管理档案数据的元数据信息，包括档案的属性、结构、来源、访问权限等关键信息。元数据存储的设计不仅关乎系统的性能和效率，还直接影响用户对档案数据的理解和利用。大数据档案管理系统中具有重要地位，它承担着存储和管理档案数据元信息的任务，为系统的高效运行和用户的数据理解提供必要的支持。元数据是描述档案数据的数据，包括了各种关键属性，如档案的创建时间、修改时间、格式、来源、负责人、访问权限等，这些信息对于用户了解档案数据的背景和特性至关重要。元数据存储需要考虑的一个关键方面是存储结构的设计。由于档案数据的元信息通常包含多层次的信息，包括全局元信息和局部元信息，元数据存储需要设计合理的存储结构来有效组织和检索这些信息。一种常见的方法是采用层次化的结构，通过树形或图形的方式表示元信息之间的关系。这种结构能够灵活地表示档案数据的组织结构和关联关系，方便用户按需获取相关的元数据信息。元数据存储还需要考虑数据的一致性和实时性。档案数据的元信息随着系统的运行和维护而不断变化，因此元数据存储需要具备实时更新的能力。在大数据档案管理系统中，通常采用分布式数据库或缓存系统，以保证元数据的实时性和一致性。这样的设计能够确保用户在任何时候都能够获取到、准确的档案元信息。元数据存储还需要支持元数据的搜索和查询功能。用户通常需要根据特定的条件查询档案数据的元信息，因此元数据存储需要提供高效的检索机制。这可能涉及全文检索、索引技术等方面的应用，以便用户能够快速定位和获取所需的元数据信息。这种查询功能的实现有助于提升用户对档案数据的可发现性和可用性。元数据存储还需要考虑数据安全和隐私保护。档案数据的元信息包含敏感信息，如访问权限、所有者信息等，因此元数据存储需要采取合适的加密和权限控制措施，确保只有经授权的用户能够访问和修改相应的元信息。这有助于保障档案数据的安全性和隐私性。元数据存储的设计还应考虑扩展性和灵活性。随着档案数据量的增大和系统功能的扩展，元数据存储需要能够支持水平扩展和新增元数据项的灵活性，可以通过采用分布式存储架构和元数据模型的动态扩展机制来实现。元数据存储是大数据档案管理系统中不可或缺的组成部分，通过合理的存储结构设计、实时性保障、检索功能支持、安全性和隐私保护等方面的考虑，能够有效提升系统的性能和用户体验，为档案数据的管理和利用提供强有力的支持。

（二）元数据索引

元数据索引在大数据档案管理系统的架构设计中通过高效的索引机制提供对档案元数据的快速检索和查询能力，其设计直接影响了系统的检索性能、响应时间以及用户体验。元数据索引是大数据档案管理系统中不可或缺的组成部分，是通过构建高效的索引结构，加速对档案元数据的检索和查询，从而提升系统的查询性能和用户体验。元数据索引的设计需要综合考虑元数据的特点、系统的查询需求以及数据存储的架构，以实现高效、灵活、可扩展的索引机制。元数据索引的设计需要充分考虑档案元数据的多样性，由于档案数据的元信息包含各种类型的属性，如时间、地点、标签等，索引结构需要能够适应不同类型属性的检索需求。一种常见的做法是采用多级索引结构，将元数据按照属性类型划分为不同的索引域，使每个索引域都能够被高效地检索，这样的设计能够满足系统对多样化元数据属性的灵活查询。元数据索引需要支持高效的全文检索，档案元数据中包含自由文本描述或标签信息，用户希望通过关键词检索快速定位相关档案。全文检索的实现通常借助于倒排索引等技术，将文本内容进行分词、标准化，构建索引表，以提高检索效率。全文检索的引入使用户能够更灵活地根据内容进行查询，增强了系统的搜索能力。元数据索引的设计需要支持复合查询，复合查询是指用户通过多个条件联合进行检索，例如，同时满足时间范围、地点条件的查询。为了支持复合查询，元数据索引需要建立复合索引结构，使系统能够高效地处理多个查询条件的组合，这有助于提高系统的查询灵活性和适用性，满足用户对复杂查询的需求。元数据索引还需要考虑实时性和更新性，由于档案元数据可能随着系统的运行而不断变化，索引需要能够实时地反映元数据的变更。为了实现实时更新，系统可以采用增量索引的方式，通过定期或触发式地更新索引结构，确保索引与实际数据保持一致，这有助于提高系统的查询响应速度，确保用户能够获取到新的档案元信息。元数据索引的设计还需要考虑分布式计算和存储的场景，大数据档案管理系统往往面临大规模数据和用户量，索引需要能够支持水平扩展，使系统能够有效地处理大规模的元数据。采用分布式索引结构，如分布式搜索引擎，能够实现索引的分布式存储和检索，提高系统的整体性能。元数据索引在大数据档案管理系统中扮演着至关重要的角色，通过合理的设计和优化，能够提高系统的查询性能、实现快速检索和灵活查询，从而为用户提供更好的档案数据管理体验。

四、用户接口层

（一）Web 界面和移动应用

大数据档案管理系统的 Web 界面和移动应用是用户与系统进行互动的重要入口，它们直接关系到用户体验、易用性和系统的普及度。Web 界面和移动应用的设计需要考虑多平台兼容性、直观的操作界面、实时互动性等因素，以满足用户在不同场景下对档案数据的访问和管理需求。Web 界面是大数据档案管理系统的主要用户界面之一，是提供直观友好的操作体验，方便用户快速了解档案数据、进行检索和管理。设计时需要考虑多种设备和浏览器的兼容性，采用响应式设计以适应不同屏幕尺寸，确保在 PC、平板和手机等设备上都能提供一致的用户体验。通过清晰的信息架构、直观的图形化元数据展示，用户可以轻松地浏览、搜索和筛选档案数据，实现快速的数据定位和访问。移动应用作为 Web 界面的补充，更加注重在移动设备上的使用体验。移动应用需要具备轻量级、高效、便捷的特性，以适应用户在移动场景下对档案数据的需求。在架构设计中，需要采用优化的用户界面设计，结合移动设备的触摸交互，确保用户能够方便地通过手势、滑动等方式进行操作。此外，移动应用还应考虑离线模式的支持，以确保用户在没有网络连接的情况下仍能够访问和管理本地存储的档案数据。Web 界面和移动应用的设计应该注重实时互动性，通过采用异步加载、增量更新等技术，保证用户能够在系统中获取到新的档案信息。为用户提供个性化的设置选项，允许用户自定义界面布局、显示字段、主题等，以提高用户的个性化体验和工作效率。在安全性方面，Web 界面和移动应用的设计需要考虑用户身份认证、权限管理等机制，确保用户只能访问其有权限查看和修改的档案数据。采用加密传输、安全协议等手段，保障用户的数据传输过程中的安全性和隐私保护。为了提高用户的使用体验，Web 界面和移动应用的设计还应该考虑用户培训和帮助机制。提供清晰的用户操作指南、帮助文档，以及在线培训资源，使用户能够迅速上手并充分发挥系统功能，从而提高用户的满意度和系统的普及度。大数据档案管理系统的 Web 界面和移动应用在架构设计中需要综合考虑兼容性、用户体验、实时互动性、安全性等多个因素，以实现对档案数据的便捷、高效管理和访问，满足用户在不同终端和场景下的需求。

（二）API 和集成

用户接口层中的 API（Application Programming Interface）和集成设计在大数据档案管理系统的架构中扮演着关键的角色，它们为系统提供开放性、灵活性，并支持与其他系统的无缝集成。API 设计需要考虑易用性、扩展性、安全性等方面，而集成设计则需要确保系统能够与不同平台、应用和服务进行高效、可靠的数据交互。API 设计在大数据档案管理系统中具有重要意义。API 是系统与外部应用、服务之间进行交互的桥梁，通过良好设计的 API，系统能够向开发者提供一组清晰、灵活、易用的接口，以实现对档案数据的读取、写入、更新等操作。在架构设计中，需要设计 RESTful 或 GraphQL 等标准化的 API 接口，以便开发者能够方便地集成系统的功能到其应用中。良好设计的 API 需要考虑用户身份验证、数据格式标准、错误处理机制等方面，以提供稳定、可靠的数据交互接口。集成设计是确保系统与其他应用、服务协同工作的关键环节。大数据档案管理系统可能需要与数据仓库、BI 工具、云服务等不同平台进行集成，以实现全面的数据管理和分析。在架构设计中，需要考虑异构系统的通信协议、数据格式兼容性等问题，采用标准的集成技术，如消息队列、Web 服务、ETL（Extract，Transform，Load）工具等，以确保系统之间的数据流通畅，能够实现快速、高效的数据共享和集成。API 和集成设计需要考虑到系统的扩展性。系统在不同阶段可能需要新增功能、整合新的服务，而良好设计的 API 和集成机制应该能够轻松地扩展和适应新的需求。采用模块化的设计原则，将系统功能划分为独立的模块，每个模块提供清晰的 API，以便系统能够灵活地进行功能扩展和集成。在安全性方面，API 和集成设计需要考虑数据的保密性和完整性。通过采用加密传输、身份验证机制、访问控制列表等手段，确保 API 调用和集成过程中的数据传输是安全可靠的。此外，需要对集成点进行监控，及时发现和应对潜在的安全风险。为了提高 API 和集成的易用性，系统应该提供详细的文档和示例，帮助开发者理解和使用系统的 API，降低集成的门槛。在设计过程中考虑开发者的使用场景，提供友好的错误提示和调试信息，以提高开发者的工作效率。

API 和集成设计在大数据档案管理系统的架构中起到了桥梁和连接器的作用，通过良好设计的接口和集成机制，系统能够与外部应用、服务协同工作，实现更高效、更灵活的数据管理和分析。

五、系统架构模式

（一）微服务架构

微服务架构是大数据档案管理系统中一种先进的系统架构模式，它通过将系统划分为一系列小型、独立、可独立部署的服务单元，每个服务单元专注于一个特定的业务功能，以实现系统的高度灵活性、可伸缩性和可维护性。微服务架构是一种分布式系统设计范式，旨在将一个大型的软件系统划分为一系列小型、独立的服务单元，每个服务单元都运行在自己的进程中，并通过轻量级通信机制相互协作。在大数据档案管理系统的架构设计中，采用微服务架构模式可以带来多方面的优势。微服务架构提供高度的灵活性和可伸缩性。由于每个服务单元都是独立的，可以独立开发、测试、部署和扩展。这意味着系统的各个部分可以根据需求独立演进，而不会影响整个系统的稳定性。在大数据档案管理系统中，可能存在多种业务需求，采用微服务架构可以更灵活地满足这些需求，而不必修改整个系统。微服务架构支持技术异构性。每个服务单元可以使用不同的编程语言、技术栈和数据库，只要它们遵循统一的接口标准即可，使得系统可以根据业务需求选择适合的技术，而不受整个系统的技术堆栈的限制。在大数据档案管理系统中，可能涉及多种数据存储、处理和分析技术，微服务架构可以更好地适应这种异构性。微服务架构提高了系统的可维护性。由于每个服务单元都是独立的，团队可以专注于维护和改进自己的服务，而不必关心整个系统的复杂性，降低了系统的维护成本，同时也提高了系统的可理解性。在大数据档案管理系统中，可能需要频繁地更新和维护不同的功能，微服务架构使这些变更更加容易管理和实施。微服务架构还提供更好的容错性。由于每个服务单元都是独立的，一个服务的故障不会影响整个系统的稳定性。系统可以通过采用容错机制，如断路器、降级策略等，提高系统的鲁棒性和可用性。在大数据档案管理系统中，数据可能面临各种异常情况，微服务架构有助于实现更好的系统容错性。微服务架构在大数据档案管理系统的架构设计中展现出了许多优势，包括高度的灵活性、可伸缩性、技术异构性、可维护性和容错性。通过合理划分服务边界，采用统一的接口标准，可以更好地满足系统复杂性和业务需求，为系统的可持续发展提供可靠的基础。

（二）容器化部署

容器化部署是大数据档案管理系统中一种现代化的系统架构模式，它通过将应用及其所有依赖项封装在容器中，实现了快速部署、可伸缩性和跨环境的一致性。容器化部署利用容器技术，为系统提供更高的灵活性、可维护性和资源利用率。容器化部署是一种将应用程序及其依赖项、运行时环境封装在容器中的系统架构模式。在大数据档案管理系统的架构设计中，采用容器化部署可以带来多方面的优势，容器化部署提供更快速、一致的部署流程。通过将应用及其依赖项打包成容器，可以避免环境差异导致的配置问题，确保应用在不同的环境中能够一致地运行。容器化部署还支持快速的部署和启动，减少了系统的上线时间，提高了开发和运维效率。在大数据档案管理系统中，可能需要频繁地部署和更新各个服务单元，容器化部署使这一过程更加高效和可控。容器化部署提供更好的资源隔离和利用率。每个容器都运行在独立的隔离环境中，不会相互影响，避免了由于不同服务之间的冲突导致的问题。容器化部署还支持更加灵活的资源分配，根据应用的需求进行动态调整，提高了系统的资源利用率。在大数据档案管理系统中，可能需要处理大量的数据和请求，容器化部署有助于优化资源分配，确保系统的性能和可伸缩性。容器化部署具有更好的可移植性和扩展性。由于容器中包含了应用的所有依赖项，应用可以在不同的环境中轻松部署，而无需担心环境配置的问题。容器化部署还支持水平扩展，通过启动多个相同的容器实例来应对流量增加，提高了系统的可伸缩性。在大数据档案管理系统中，可能需要在不同的数据中心或云平台中部署和扩展系统，容器化部署使这一过程更加简便和可控。容器化部署还提高了系统的可维护性。由于容器中包含了应用的全部运行时环境和依赖项，可以轻松地将应用与其依赖项一起打包，形成可移植的镜像。这样，开发和运维团队可以更容易地共享和管理应用的不同版本，降低了系统的维护成本。在大数据档案管理系统中，可能需要频繁地更新和维护各个服务单元，容器化部署有助于简化这一过程，提高系统的可维护性。容器化部署在大数据档案管理系统的架构设计中体现出了许多优势，包括更快速的部署流程、更好的资源隔离和利用率、更好的可移植性和扩展性、更好的可维护性等。通过合理使用容器技术，系统能够更好地适应快速变化的业务需求，提高整体架构的灵活性和可靠性。

六、日志和监控系统

（一）日志记录

日志记录通过记录系统的运行状态、用户操作、错误信息等关键信息，为系统的监控、故障排查和性能优化提供重要的数据基础，在架构设计中，合理设计和管理日志记录对于系统的可靠性、安全性和可维护性至关重要。日志记录设计需要明确记录哪些信息，在大数据档案管理系统中，日志应该包括系统的运行状态、关键操作、异常事件、性能指标等信息，对于用户操作，日志应该记录用户的登录、查询、下载、上传等关键操作，以追踪用户行为和确保系统的安全性。对于系统运行状态，日志应该记录系统的启动、停止、重启等关键事件，以便进行系统监控和故障排查，对于异常事件，日志应该记录错误信息、异常堆栈信息等，以帮助开发和运维人员迅速定位和解决问题；对于性能指标，日志应该记录关键业务指标、请求响应时间、资源利用率等，以便进行系统性能优化。日志记录设计需要考虑记录的粒度。日志的粒度包括全局粒度和局部粒度。全局粒度的日志记录系统整体的运行状态、关键事件等信息，用于系统的监控和管理，局部粒度的日志记录特定模块、特定操作的详细信息，用于故障排查和性能优化。在大数据档案管理系统中，可以通过合理的日志级别设置，将不同粒度的日志信息进行区分，以便根据需要进行查看和分析。日志记录设计需要考虑异步记录和同步记录。异步记录是指将日志信息缓存起来，然后通过异步的方式写入日志存储系统，以减少对系统性能的影响。同步记录是指在记录日志的同时直接写入日志存储系统，以确保日志的实时性。在大数据档案管理系统中，可以根据实际需求选择合适的记录方式，例如，对于关键操作和异常事件可以选择同步记录，而对于一般的运行状态和性能指标可以选择异步记录，以平衡系统性能和日志实时性的需求。日志记录设计还需要考虑日志的格式和结构，日志的格式包括文本日志、JSON 格式、XML 格式等，选择合适的格式有助于日志的可读性和解析性；日志的结构包括日志的字段、标签、时间戳等，合理设计日志结构有助于日志的查询和分析。在大数据档案管理系统中，可以采用结构化日志，以便更好地支持日志的分析和检索。日志记录设计还需要考虑日志的安全性。日志包含敏感信息，例如用户的个人数据、密码等，因此需要采取合适的措施确保日志的安全性。可以通过加密、脱敏等手段对敏感信息进行保护，同时确保只有授权的人员能够访问和查询日志信息。在大数据档案管理系统中，日志的安全性设计对于确保用户隐私和系统安全至关重要。日志记录设计在大数据档案管理系统的架构中是一项重要而复杂的任务。通过合理的设计和管理，日志记录可以为系统的监控、故障排查和性能优化提供有力支持，提高系统的可靠性、安全性和可维护性。

（二）监控和警报设计

监控和警报系统是大数据档案管理系统中不可或缺的组件，它通过实时监测系统的运行状态、性能指标和关键事件，及时发现潜在问题并触发相应的警报，以确保系统能够保持高可用性、高性能和稳定性。在架构设计中，合理设计和配置监控和警报系统对于系统的运维和管理至关重要。监控系统需要关注系统的关键指标。在大数据档案管理系统中，关键指标包括系统的整体运行状态、性能指标（如请求响应时间、吞吐量、资源利用率等）、存储和处理能力等。监控系统应该能够实时收集、分析和展示这些指标，以便运维人员能够全面了解系统的运行情况。通过对这些关键指标的监控，可以及时发现潜在问题，预防系统性能下降或故障的发生。监控系统需要支持实时监测和历史数据分析。实时监测能够帮助运维人员及时发现系统的异常行为，及时采取措施进行处理。历史数据分析则有助于发现系统的潜在问题、优化系统性能，并进行长期趋势分析，为系统的优化和升级提供数据支持。在大数据档案管理系统中，由于系统可能面对大量的数据和请求，实时监测和历史数据分析是保障系统稳定性和性能的重要手段。监控系统需要支持可视化展示。通过直观的图表、仪表盘等方式展示监控数据，可以使运维人员更容易理解系统的运行状态和性能表现。可视化展示也有助于及时发现异常和趋势，提高运维效率。在大数据档案管理系统中，监控系统可以通过图形展示数据的分布、查询响应时间的变化、存储使用情况等信息，以便运维人员能够一目了然地了解系统的状况。警报系统是监控系统的重要补充。通过合理设置警报规则，当监控系统检测到系统出现异常或超过阈值时，能够及时触发相应的警报通知运维人员，有助于运维人员迅速响应，采取措施解决问题，防止问题进一步扩大。在大数据档案管理系统中，可能需要设置警报规则来监测存储容量是否超过阈值、查询响应时间是否过长、系统负载是否过高等关键指标，以确保系统的稳定性和性能。监控和警报系统需要具备可扩展性和适应性。由于大数据档案管理系统可能面对不断变化的业务需求和数据规模，监控和警报系统应该能够方便地扩展和适应新的监控指标。采用现代化的监控工具和框架，可以提供灵活的配置和扩展机制，适应系统的快速发展和变化。监控和警报系统在大数据档案管理系统的架构设计中是至关重要的组件。通过合理设计和配置监控和警报系统，可以实现对系统运行状态的全面监测，及时发现潜在问题，提高系统的可用性、可靠性和性能。

七、可扩展性和性能优化

（一）分布式架构

分布式架构是大数据档案管理系统中一种关键的设计思想，它通过将系统划分为多个独立运行的组件，分布在不同的物理或虚拟节点上，以提高系统的性能、可伸缩性和可靠性。在分布式架构设计中，需要考虑数据分布、通信协议、一致性机制等方面的问题，以确保系统能够有效地处理大规模的数据和请求。分布式架构的核心思想是将系统划分为多个独立的组件，分布在不同的节点上，形成一个分布式系统。每个组件可以独立运行，负责特定的功能或服务。这种分布式架构的设计有助于提高系统的可伸缩性，使系统能够更好地适应不断增长的数据量和用户请求。在大数据档案管理系统中，可能需要处理大量的档案数据和用户请求，采用分布式架构可以有效地分担系统的压力，提高系统的性能和处理能力。数据分布是分布式架构设计中的一个关键问题。在大数据档案管理系统中，可能涉及大量的档案数据，而这些数据需要在分布式系统中进行存储和处理。合理的数据分布策略可以帮助系统更均匀地利用各个节点的存储和计算资源，提高数据的访问速度和系统的整体性能。采用分布式存储系统，如 HDFS，可以将数据划分为多个块并分布在不同的节点上，实现数据的分布式存储和访问。通信协议是分布式架构中需要考虑的重要方面。不同组件之间需要进行有效的通信，以协调各自的工作，保持系统的一致性。采用合适的通信协议可以确保组件之间的信息传递是高效和可靠的。在大数据档案管理系统中，可能需要采用分布式消息队列或 RPC 框架，以实现不同组件之间的异步通信和协同工作。一致性是分布式架构设计中需要解决的难题之一。由于组件分布在不同的节点上，可能面临网络延迟、节点故障等问题，导致系统处于不同的状态。为了保持系统的一致性，需要采用合适的一致性机制，如分布式事务或一致性哈希算法。在大数据档案管理系统中，保证档案数据的一致性是至关重要的，需要采用合适的一致性策略，以确保数据的正确性和可靠性。分布式架构需要考虑故障容忍和容错性。由于系统的各个组件分布在不同的节点上，可能面临节点故障、网络故障等问题。采用合适的故障容忍机制，如备份、自动恢复等，可以提高系统的稳定性和可靠性。在大数据档案管理系统中，可能需要采用分布式数据库或存储系统，以实现数据的冗余备份和故障自动恢复。分布式架构还需要考虑安全性和权限控制。由于系统的各个组件分布在不同的节点上，可能涉及跨网络的通信和数据传输。采用合适的安全机制，如加密通信、访问控制等，可以确保系统的数据和通信是安全可靠的。在大数据档案管理系统中，由于可能涉及用户的个人信息和敏感数据，安全性是设计中需要重点考虑的方面。分布式架构在大数据档案管理系统的设计中扮演着关键的角色。通过合理的设计和配置，分布式架构可以帮助系统更好地应对大规模数据和用户请求，提高系统的性能、可伸缩性和可靠性。

（二）缓存和优化设计

缓存和优化设计通过合理利用缓存机制和优化算法，提高系统的响应速度、减轻后端压力，从而优化用户体验和系统性能。在架构设计中，需要考虑缓存的策略、数据预处理、查询优化等方面的问题，以达到提高系统效率和资源利用率的目的。缓存设计是提高系统性能的关键一环。通过合理使用缓存，可以将一些频繁访问的数据或计算结果存储在临时的高速存储介质中，以减少对后端数据库或服务的请求次数，降低系统的响应时间。在大数据档案管理系统中，可以采用分布式缓存，将常用的档案元数据、查询结果等缓存在内存中，以提高数据的访问速度和系统的整体响应性。优化设计需要考虑数据的预处理。在大数据档案管理系统中，可能涉及大规模的档案数据，而一些查询或分析操作可能会对数据进行复杂的计算。通过采用预处理机制，可以提前对一些常用的查询结果或计算结果进行预先计算，并将其存储在缓存中。这样，当用户发起相应的查询请求时，可以直接从缓存中获取结果，而无需进行重复计算，从而提高系统的查询效率和响应速度。查询优化也是优化设计的重要方面。在大数据档案管理系统中，用户可能会进行各种各样的查询操作，涉及复杂的数据过滤、排序、聚合等操作。通过采用合适的查询优化算法，可以降低查询的时间复杂度，提高查询的效率，例如，可以使用索引来加速数据检索，采用分布式查询计划来优化大规模数据的处理，以达到查询性能。系统性能优化也需要考虑并发处理和负载均衡。在大数据档案管理系统中，可能会面临大量用户的并发访问，而每个用户的请求可能涉及不同的档案数据和操作。通过采用合适的并发处理机制和负载均衡策略，可以有效地分担系统的压力，确保每个请求都能够得到及时响应。使用分布式计算框架，可以实现对大规模数据的并行处理，提高系统的并发处理能力。缓存和优化设计需要考虑缓存更新和数据一致性。由于系统中的数据可能会不断变化，缓存中的数据也需要及时更新以保持一致性。采用合适的缓存更新策略，如定时刷新、失效策略等，可以确保缓存中的数据与后端数据库保持一致。在大数据档案管理系统中，可能需要采用分布式锁或版本控制机制，以确保多个节点之间的数据一致性和同步。缓存和优化设计在大数据档案管理系统的架构中是非常关键的一环。通过合理设计和配置，可以提高系统的响应速度、减轻后端压力，从而优化用户体验和系统性能。

第二节　数据分析与挖掘在档案服务中的应用

一、数据分析在档案服务中的应用

（一）档案利用统计分析

在档案服务中，数据分析的一项关键应用是档案利用统计分析，这一过程涉及对档案使用情况的全面评估，通过统计方法和数据挖掘技术，深入了解用户行为、资源利用情况以及服务的效果。档案利用统计分析是一项重要的数据分析活动，旨在全面了解档案资源的利用状况，优化服务策略，提高用户满意度。通过统计分析，档案机构能够收集大量有关档案利用的数据，这些数据包括用户访问频率、下载次数、浏览路径、热门档案等信息。档案机构可以通过统计分析了解档案平台的整体访问量和使用趋势，包括不同时间段内的用户访问峰值，每日、每周或每月的平均访问量等。通过对访问趋势的分析，机构可以更好地规划资源，确保在高峰期提供足够的服务器容量和带宽，以提供稳定的服务。

　　档案利用统计分析涵盖了对用户行为的深入挖掘。通过分析用户的浏览记录、检索关键词、下载历史等，机构可以建立用户行为模型，这有助于了解用户的兴趣和需求，为个性化推荐提供依据，改进档案检索算法，提高用户找到所需档案的准确性和速度。进一步地，统计分析可以揭示档案资源的受欢迎程度。通过记录档案的下载次数、分享次数以及评论等数据，机构可以确定哪些档案更受用户欢迎，以便优先考虑这些档案的数字化、展示和推广。这种个性化的资源管理有助于提高档案平台的整体吸引力。档案机构还可以通过统计分析评估服务的效果。通过收集用户反馈、投诉和建议，机构可以识别潜在问题并及时解决。通过跟踪用户满意度指标，如服务响应时间、页面加载速度等，机构可以及时调整服务策略，提高整体服务质量。档案利用统计分析在档案服务中的应用是一项战略性的举措，能够为档案机构提供深刻的洞察力，指导资源管理、服务优化和用户体验的不断改进。通过充分利用数据分析手段，档案服务机构可以更好地满足用户的需求，推动档案服务的创新与发展。

（二）用户行为分析

　　用户行为分析是档案服务中数据分析的关键方面，通过深入研究用户在档案平台上的行为，机构可以更好地理解用户需求、个性化服务、提高平台效能。在档案服务中，用户行为分析是一项重要而综合的数据分析活动，致力于深入挖掘用户在档案平台上的行为模式、偏好和互动。通过对用户行为的精确分析，档案机构可以更加精细地调整服务策略、优化用户体验、提高档案平台的吸引力。用户行为分析涉及对用户浏览行为的研究。通过追踪用户在档案平台上的浏览记录，机构可以了解用户关注的档案类别、浏览的频率以及浏览路径，有助于机构更准确地把握用户兴趣点，提供更符合用户期望的推荐服务，增强档案平台的个性化特色。用户行为分析包括对用户检索行为的深入研究。通过分析用户的检索关键词、检索频率以及检索结果的点击情况，机构可以了解用户对档案的具体需求，有助于机构改进检索算法，提高检索结果的准确性，使用户更容易找到所需信息。用户下载和分享行为的分析也是用户行为分析的一部分。通过追踪档案的下载次数和分享次数，机构可以了解哪些档案更受用户喜爱，以便有针对性地进行数字化、展示和推广。分享行为的分析有助于扩大档案的影响力，增加用户之间的互动。用户行为分析还包括用户互动和评论的研究。通过监测用户之间的互动，如点赞、评论等，机构可以了解用户对档案的社交互动程度，这对于提高档案平台的社交性和用户黏性具有积极作用。用户评论的分析也为机构提供宝贵的反馈信息，用于改进服务和资源管理。用户行为分析在档案服务中的应用还包括对用户流失行为的分析。通过识别用户流失的模式和原因，机构可以采取相应的措施，提高用户留存率，保持平台的活跃度。用户行为分析在档案服务中扮演着不可或缺的角色，为档案机构提供丰富的数据洞察力。通过深入了解用户行为，机构可以更好地满足用户需求，提高服务质量，推动档案服务平台不断发展。

（三）档案质量与一致性分析

在档案服务中，数据分析在档案质量与一致性方面的应用是至关重要的。这一过程包括对档案数据的准确性、完整性和一致性进行深入分析，以确保提供的档案信息是可靠、高质量且具有一致性的。档案质量与一致性分析是档案服务中数据分析的关键领域之一，致力于评估和维护档案数据的质量，确保其满足用户的信息需求。这一过程需要对档案数据进行深度审查、监控和修复，以保障档案平台提供的信息是可信和高质量的。档案机构通过数据分析可以评估档案数据的准确性。通过比对档案中的数据与原始资料、其他可信数据源，机构可以发现潜在的数据错误、拼写错误或其他不准确的问题。这种分析有助于提高档案数据的可靠性，确保用户获取到的信息是真实和准确的。数据分析还可以用于评估档案数据的完整性。通过分析档案中的数据是否完整、是否存在缺失的字段或信息，机构可以及时发现并修复不完整的数据。完整的档案数据有助于提供全面的信息，满足用户对信息的全面了解需求。档案质量与一致性分析包括对档案数据的一致性进行检查，涉及确保不同部门、时间点或来源的档案数据是一致的，避免出现矛盾或冲突的情况。通过实施数据一致性分析，机构可以及时发现潜在的数据一致性问题，采取措施确保数据的一致性。档案机构还可以通过数据分析建立档案数据的质量评估模型，包括制定评估指标、设置阈值和建立监控机制，以便实时监测档案数据的质量。通过建立质量评估模型，机构可以更好地了解档案数据的整体质量状况，有助于提前发现和解决潜在问题。数据分析在档案质量与一致性方面的应用还包括对用户反馈和投诉的分析。通过分析用户对档案数据的反馈，机构可以了解用户对档案质量的感知和期望，有助于优化档案数据管理流程和提高用户满意度。档案质量与一致性分析通过数据分析手段，为档案机构提供有效的工具和方法，以确保档案数据的质量和一致性。这有助于提高档案服务的可信度，满足用户对高质量信息的需求，推动档案服务平台的健康发展。

（四）数字化档案处理优化

数字化档案处理优化是档案服务中数据分析的重要应用领域，通过深入分析数字化档案的处理过程，机构可以优化数字化流程，提高效率、准确性和可持续性。数字化档案处理是档案服务中关键的环节，其优化对于提高档案管理效率和数字资源利用效果至关重要。数据分析在数字化档案处理中的应用旨在深入了解整个处理流程，从而识别潜在问题、改进工作流程、提高数字档案的质量。数据分析可以用于评估数字化档案处理的整体效率。通过监控数字化处理的各个阶段，包括扫描、图像处理、OCR（光学字符识别）等，机构可以识别瓶颈、效率低下的环节，从而有针对性地进行优化，有助于提高数字化处理的整体速度和效率。数字化档案处理优化中的数据分析可用于质量控制。通过对数字化档案图像和文本的质量进行自动或半自动分析，机构可以发现潜在的质量问题，如模糊图像、扫描漏页、OCR错误等，有助于提高数字档案的可读性和搜索准确性。进一步地，数据分析可以应用于工作流程的优化。通过分析档案数字化过程中的任务分配、工作量分配和处理时间，机构可以合理调整工作流程，使其更加流畅和高效，有助于提高工作人员的工作效率，减少不必要的重复劳动。数字化档案处理的优化还包括对设备和技术的评估。数据分析可用于监测数字化设备的性能，如扫描仪、图像处理软件等，以及评估新技术的应用效果。通过及时了解设备性能和技术创新，机构可以不断升级设备，确保数字档案处理采用最先进的技术和工具。数据分析还可以用于监控数字档案处理的成本效益。通过分析各个环节的成本、资源分配和效益，机构可以找到优化成本的策略，确保数字化档案处理既高效又经济。这对于机构在数字化转型过程中的可持续发展至关重要。数字化档案处理优化中的数据分析是档案服务管理中的战略性工具。通过深入了解数字化处理过程并及时采取优化措施，机构可以提高数字档案的质量、提升工作效率，为用户提供更好的数字化档案服务体验。

（五）档案服务效果评估

档案服务效果评估是档案服务中数据分析的重要应用领域，通过深入分析服务的各个方面，机构可以全面了解服务的质量、用户满意度、资源利用情况等，为提升服务水平提供有力支持。档案服务效果评估是一个综合性的数据分析过程，旨在深入了解档案服务的各个方面，包括服务质量、用户体验、资源利用和平台效益。通过科学的数据分析手段，机构可以全面评估档案服务的效果，为未来的优化和提升提供有力的依据。档案服务效果评估涉及对服务质量的分析。通过监测服务响应时间、页面加载速度、检索准确性等指标，机构可以全面了解档案平台的性能状况。通过数据分析，机构可以及时发现服务瓶颈，改进服务架构，以提高整体服务质量。用户体验是档案服务效果评估中的关键方面。通过分析用户访问路径、页面停留时间、交互行为等数据，机构可以了解用户在档案平台上的体验，发现用户可能面临的问题和需求，有助于机构优化界面设计、改进用户交互，提升用户满意度。资源利用分析是档案服务效果评估的重要组成部分。通过统计档案的下载次数、分享次数、浏览量等数据，机构可以了解档案资源的受欢迎程度，优化数字化、展示和推广策略，有助于提高档案资源的利用效果，提升平台的整体吸引力。档案服务效果评估还需要考虑用户满意度。通过收集用户反馈、投诉和建议，机构可以了解用户对档案服务的意见，及时改进服务缺陷，满足用户需求。数据分析应用有助于建立用户满意度模型，提高用户忠诚度。档案服务效果评估还需关注平台的效益。通过分析平台的运营成本、资源投入和服务产出，机构可以评估档案服务的经济效益，为资源的合理配置和平台的可持续发展提供数据支持。档案服务效果评估需要综合考虑各个方面的数据，形成综合性报告，包括对服务绩效的总体评估、问题的修复和优化策略的提出。通过定期进行效果评估，机构可以持续改进档案服务，确保其与用户需求和时代潮流保持一致。档案服务效果评估通过数据分析提供深刻的服务洞察力，有助于档案机构更好地理解和改进服务的各个方面，这是一个持续性的过程，为档案服务的卓越提供科学、可持续的保障。

（六）数据安全与隐私分析

在档案服务中，数据安全与隐私分析是数据分析的关键应用领域之一，这一过程涵盖了对档案中的敏感信息、隐私保护措施以及数据泄露风险的深入研究。通过数据分析，机构可以及时发现潜在的安全隐患，优化隐私保护策略，确保档案服务平台的数据安全性和合规性。数据安全与隐私分析包括对档案中敏感信息的辨识和分类。通过数据挖掘和机器学习技术，机构可以识别档案中包含的个人身份、财务信息等敏感数据。这有助于建立敏感信息的清单，为后续的隐私保护提供基础。隐私保护措施的效果评估是数据安全与隐私分析的关键内容。通过分析加密、脱敏、访问控制等隐私保护技术的实施情况，机构可以评估这些措施在保护档案数据方面的效果，有助于及时发现潜在的安全漏洞，提高档案服务平台的安全性。数据安全与隐私分析需要关注用户权限管理的情况。通过分析用户的访问权限、操作记录等数据，机构可以了解用户在档案平台上的活动，及时发现异常行为，防范数据泄露和滥用风险，有助于建立健全的权限管理体系，确保档案数据只被授权人员访问和操作。数据泄露风险分析是数据安全与隐私分析的重要组成部分。通过监测档案平台的网络流量、登录记录、文件传输记录等数据，机构可以发现潜在的数据泄露风险，及时采取措施避免敏感信息的泄露，有助于建立实时监控机制，保障档案服务平台的整体数据安全。数据安全与隐私分析还需要关注第三方服务商的合规性。通过对第三方服务商的数据处理流程、安全措施等进行审核和监控，机构可以确保档案数据在整个生命周期中都得到有效的保护，有助于建立合规的数据处理流程，降低数据泄露和滥用的风险。数据安全与隐私分析需要与法规合规性相结合。通过分析档案服务平台的数据处理实践是否符合相关法规，机构可以确保在数据处理过程中遵守法律法规，保护用户隐私权益，有助于建立合法、透明、安全的档案服务环境。数据安全与隐私分析是档案服务中不可或缺的数据分析应用领域，为档案机构提供保障档案数据安全性和隐私合规性的有效手段。通过深入分析各个环节的安全和隐私情况，机构可以及时发现问题、改进策略，为用户提供安全可靠的档案服务。

二、数据挖掘在档案服务中的应用

（一）关联规则挖掘

关联规则挖掘是数据挖掘在档案服务中的关键应用，它通过分析档案数据中的关联关系，揭示各项数据之间的潜在联系，为档案服务提供深层次的洞察。关联规则挖掘是一种强大的数据挖掘技术，适用于档案服务中大量复杂数据的分析。这一过程主要关注档案数据中各项信息之间的关系和模式，旨在发现其中的规律性、相关性，为提升档案服务的效率和质量提供有力支持。关联规则挖掘在档案服务中广泛应用于档案检索与推荐。通过分析用户查询历史、下载记录等数据，机构可以挖掘出用户检索档案的偏好、习惯和关联性，有助于建立个性化的档案推荐系统，提升用户体验，使用户更快速、准确地获取到所需档案。关联规则挖掘可用于档案分类与整理。通过分析档案数据中不同属性之间的关联规则，机构可以发现档案之间潜在的分类模式，有助于建立更精准的档案分类体系，提高档案检索的效率，使用户能够更便捷地找到相关档案。关联规则挖掘可用于发现档案数据中的隐藏关系，例如，在文献档案中，通过分析作者、关键词、出版年份等属性之间的关联规则，可以揭示出一些不容易察觉的学科交叉或研究热点演变的规律，为研究者提供更全面的信息，有助于推动学术研究的发展。关联规则挖掘还可用于档案数据的质量控制。通过分析档案中数据字段之间的关联关系，机构可以及时发现数据的不一致性、错误或缺失，从而提高档案数据的准确性和完整性，有助于确保提供给用户的档案信息是高质量且可信的。关联规则挖掘的应用还包括档案数据的趋势分析。通过挖掘档案中不同属性的关联规则，机构可以发现一些数据随时间演变的趋势，如某个主题的研究热度、档案使用频率等，有助于机构更好地了解档案服务的发展动向，为资源的合理配置和服务策略的调整提供指导。关联规则挖掘在档案服务中扮演着重要角色，为机构提供深入理解档案数据内在关系的方法。通过挖掘档案数据中的关联规则，机构能够优化档案服务的各个环节，提升服务的质量、效率和用户体验。

（二）文本挖掘与信息抽取

文本挖掘与信息抽取是数据挖掘在档案服务中的关键应用领域，通过对文本数据的深度分析，机构可以从大量的档案文本中提取有价值的信息，实现自动化的知识提取与整理。文本挖掘与信息抽取是档案服务中利用数据挖掘技术处理文本数据的关键手段。档案服务中存在大量的文本信息，包括文献、报告、描述性文档等，这些文本蕴含着丰富的知识，但传统手段难以高效地挖掘和利用。文本挖掘与信息抽取可用于自动化的文本分类与归档，通过分析文本数据的关键词、主题、上下文等信息，机构可以实现对档案文本的自动分类和归档。这有助于提高档案数据的组织结构，使其更具可检索性，方便用户快速找到所需信息。信息抽取可以应用于从文本中提取结构化信息。在档案服务中，文本信息常常包含有关人物、事件、时间、地点等关键信息。通过信息抽取技术，机构可以自动识别和提取这些信息，构建起档案数据的结构化形式，提高数据的可读性和可用性。文本挖掘与信息抽取可用于主题挖掘与关键词提取。通过对档案文本进行分析，识别其中的主题和关键词，机构可以了解档案中的研究方向、重点领域等信息，有助于机构更好地了解档案内容，为资源的合理管理和优化提供指导。文本挖掘还可用于挖掘档案中的隐藏关系。通过分析文本数据中的语义关联、共现关系等，机构可以发现档案中不同文本之间的潜在联系，有助于揭示档案中的深层次知识，推动学术研究的发展。信息抽取还可用于档案数据的质量控制。通过识别文本数据中的错误、模糊表达、不一致性等问题，机构可以提高档案数据的准确性和一致性，确保用户获取到的信息是可信的。文本挖掘与信息抽取在档案服务中扮演着重要的角色，为机构从大量文本数据中提取有价值信息、优化数据结构和质量、提高档案服务的智能化水平提供有效的工具和手段。这不仅提高了档案服务的效率，也为用户提供更智能、便捷的信息获取体验。

（三）时序数据挖掘

时序数据挖掘在档案服务中的应用是针对随时间变化的数据进行深度分析，揭示数据的趋势、周期性和异常情况。这种方法不仅帮助机构更好地理解档案数据的演变过程，还提供洞察力，使机构能够更有效地管理和优化档案服务。时序数据挖掘是一项基于时间序列的数据分析技术，通过对档案服务中的时序数据进行挖掘，机构可以从中获取更深层次的信息，帮助做出更具智能化的决策。时序数据挖掘在档案服务中可以用于趋势分析。通过分析时序数据的变化趋势，机构可以发现档案中不同属性的发展趋势，例如某一主题的研究热度、用户访问量的波动等，有助于机构更好地了解档案服务的发展动向，提前做好资源分配和服务调整。时序数据挖掘可用于周期性分析。在档案服务中，某些数据可能会呈现周期性变化，例如季节性的数据波动、定期性的用户活动等。通过时序数据挖掘，机构可以识别这些周期性模式，合理规划档案服务的资源和活动，以更好地满足用户的需求。时序数据挖掘可以用于异常检测。通过建立时序数据的基准模型，机构可以实时监测数据的波动情况，及时发现异常值和突发事件，这有助于机构迅速做出反应，采取措施解决问题，提高档案服务的稳定性和可靠性。时序数据挖掘还可用于预测分析。通过历史时序数据的学习，机构可以建立预测模型，预测未来档案服务中某些指标的发展趋势，有助于机构制定长期规划、优化资源配置，提前做好面对未来挑战的准备。时序数据挖掘可以用于用户行为分析。通过分析用户在不同时间段内的行为模式，机构可以了解用户的偏好、活跃时间，为提供个性化的档案服务建立基础，有助于提高用户满意度，增强用户粘性。时序数据挖掘在档案服务中的应用丰富了数据分析的层次，为机构提供更全面、深刻的洞察。通过对时序数据的深度挖掘，机构可以更好地了解档案服务中各项指标的演变规律，优化服务流程，提升服务质量，实现更智能化、可持续性的档案管理。

（四）档案内容推荐

档案内容推荐是数据挖掘在档案服务中的一项关键应用，通过对用户历史行为和档案数据进行深度分析，机构可以实现个性化、智能化的档案内容推荐服务，提升用户体验。档案内容推荐是一种基于数据挖掘技术的个性化服务，通过分析用户历史行为、偏好以及档案内容的特征，为用户提供更符合其兴趣和需求的档案推荐。这一应用在档案服务中不仅提升了用户满意度，同时也促进了档案资源的更有效利用。档案内容推荐通过分析用户行为来实现个性化推荐。通过收集和分析用户在档案服务平台上的搜索历史、浏览记录、下载记录等信息，机构可以了解用户的兴趣和偏好。基于这些数据，数据挖掘算法可以建模用户的兴趣模式，从而为用户推荐更符合其口味的档案内容。档案内容推荐可基于协同过滤算法实现。通过分析用户与其他用户的相似性，即用户行为、兴趣等方面的相似性，机构可以向用户推荐那些与他们相似用户喜欢的档案内容。这种方式可以通过挖掘大量用户行为数据，发现用户间的关联关系，提高推荐的准确性。档案内容推荐可基于内容的过滤。通过分析档案内容的特征、标签、关键词等信息，机构可以为用户推荐那些与其过去浏览或下载过的档案相似的内容。这样的推荐方式更注重档案内容本身的特征，为用户提供更精准的推荐。档案内容推荐还可结合时序数据挖掘技术。通过分析用户在不同时间段的兴趣变化，机构可以更好地把握用户的活跃时间和偏好，为用户在不同时间点提供更合适的档案推荐，有助于提高推荐的时效性和用户满意度。档案内容推荐的应用还包括实时推荐和多通道推荐等。通过实时分析用户行为，机构可以在用户访问平台的同时实时调整推荐策略，提高推荐的实时性。多通道推荐则是指通过不同的推荐方式（例如，基于内容的推荐、协同过滤、时序推荐等）综合考虑，为用户提供更全面、多样化的档案推荐服务。档案内容推荐是数据挖掘在档案服务中的一项核心应用，通过深度分析用户行为和档案数据，机构可以为用户提供更个性化、智能化的档案服务，这不仅提高了用户的满意度，也有助于推动档案服务的发展，实现更智能、精准、时效性的档案资源利用。

（五）档案数据分类与归纳

档案数据分类与归纳是数据挖掘在档案服务中的重要应用领域，通过对档案数据进行深度分析和挖掘，机构可以实现对档案内容的智能分类和归纳，从而提高档案数据的组织结构、检索效率和利用价值。档案数据分类与归纳是一项关键的数据挖掘应用，它通过对档案数据的特征、内容进行分析，将大量信息按照一定规则和模式划分为不同类别，并建立起档案数据的结构化体系。档案数据分类与归纳可以通过机器学习算法实现。通过对档案数据进行训练，机器学习算法能够学习档案数据的特征和模式，从而实现自动化的数据分类，有助于建立更精准、高效的档案分类体系，提高档案数据的整体组织结构。数据挖掘技术可以用于挖掘档案数据中的隐含信息。通过对档案内容进行文本挖掘、关联规则挖掘等分析，机构可以发现档案数据中的隐藏关系、主题、关键词等，进而辅助进行更深层次的分类和归纳。档案数据分类与归纳可结合自然语言处理技术。通过对档案文本的语义分析、实体识别等处理，机构可以更精准地识别文本内容中的信息，有针对性地进行分类与归纳。这种方法有助于提高档案数据的准确性和有用性。档案数据的时序特征也可用于数据分类与归纳。通过分析档案数据随时间的变化趋势，机构可以将档案内容按照不同时间段进行分类，从而更好地了解档案数据的演变规律和趋势。档案数据分类与归纳还可以结合用户行为数据。通过分析用户的浏览、检索、下载等行为，机构可以根据用户的需求将档案数据进行个性化分类与归纳，提供更符合用户期望的档案服务，档案数据分类与归纳是数据挖掘在档案服务中的关键应用，通过对档案数据进行深度分析和挖掘，机构可以实现更智能、高效、个性化的档案管理和服务。这有助于提高档案数据的整体质量，为用户提供更便捷、精准的档案检索和利用体验。

（六）用户兴趣建模

用户兴趣建模是数据挖掘在档案服务中的重要应用领域，通过对用户行为和偏好进行深度分析，机构可以构建用户的兴趣模型，为用户提供个性化的档案推荐和服务。用户兴趣建模是一项基于数据挖掘技术的关键应用，其核心目标是通过分析用户在档案服务平台上的行为，如搜索记录、浏览历史、下载行为等，挖掘和理解用户的兴趣和偏好，从而建立用户的兴趣模型。用户兴趣建模可以通过分析用户的行为数据来识别兴趣点。通过记录和分析用户在档案服务中的点击、浏览、下载等行为，机构可以了解用户对不同档案内容的兴趣程度，有助于构建用户关于档案内容的兴趣权重，形成用户的兴趣向量。用户兴趣建模可以采用协同过滤算法。通过比较用户与其他用户的兴趣相似性，算法可以为用户推荐那些与其相似用户感兴趣的档案内容。这种方式使得用户能够发现与其兴趣相近的内容，提高了档案服务的个性化水平。用户兴趣建模可以结合内容分析。通过对档案内容进行标签、关键词等信息的分析，机构可以更精准地了解档案的特征，从而更好地捕捉用户对不同档案内容的兴趣点，有助于提高兴趣建模的准确性和精细度。用户兴趣建模还可以基于时序数据。通过分析用户在不同时间点的兴趣变化，机构可以更好地了解用户在不同时间段的关注点，为用户在特定时间提供更合适的档案推荐。时序数据的分析有助于捕捉用户兴趣的动态变化。用户兴趣建模还可以采用深度学习技术。通过构建深度神经网络，机构可以从大量的用户行为数据中学习用户的兴趣模式，从而实现更高层次、更精细化的用户兴趣建模。深度学习技术在捕捉用户复杂兴趣关系方面具有一定优势。用户兴趣建模是数据挖掘在档案服务中的关键应用之一，通过对用户行为和档案内容的深度分析，机构可以构建更精准、全面的用户兴趣模型，有助于提供更个性化、智能化的档案推荐和服务，提高用户满意度，促进档案服务的发展和优化。

参考文献

[1] 梁美红. 档案管理数字化转型的实践研究 [J]. 办公室业务, 2023 (22): 137-139.

[2] 梁焕芹. 信息技术在事业单位档案管理中的应用实践 [J]. 办公室业务, 2023 (22): 114-116.

[3] 陈玉兰. 人工智能在现代人事档案管理中的应用 [J]. 兰台内外, 2023 (28): 28-30.

[4] 张君贵. 大数据时代, 档案管理的价值提升探究 [J]. 兰台内外, 2023 (16): 10-12.

[5] 田娟, 苏晓伟, 李宁. 基于大数据的计算机数据挖掘技术在档案管理系统上的应用探究 [J]. 电子元器件与信息技术, 2023, 7 (06): 102-104+117.

[6] 许和旭, 傅广衡. 面向数字档案服务与利用的全文索引系统构建研究 [J]. 档案, 2021 (08): 50-54.

[7] 蔡亚琼. 大数据时代档案检索利用的现状与展望 [J]. 城建档案, 2021 (01): 66-67.

[8] 高婷. 数字档案馆建设背景下的档案信息检索探究 [J]. 黑龙江史志, 2013 (19): 105-106.

[9] 黄凤玉, 马小艳, 任月飞. 探析元数据在档案信息资源共享中的应用 [J]. 湖北档案, 2007 (11): 16-17.

[10] 高敏杰. 生命周期理论电子档案隐私权保护研究 [J]. 办公室业务, 2020 (11): 70+76.

[11] 王小萍, 王万军, 马争朝. 大数据下档案管理安全隐私保护不确定性评估研究 [J]. 中国档案, 2023 (10): 54-55.

[12] 叶金霞. 论大数据背景下档案用户信息隐私权的保护 [J]. 中国质量万里行,

2022（09）：60-63.

[13] 张娟. 大数据背景下档案信息隐私保护［J］. 黑龙江档案，2021（04）：62-63.

[14] 李仕琼. 数据挖掘技术在档案信息管理系统中的应用分析［J］. 科技展望，2015，25（01）：212.

[15] 王烁，穆佳桐，于鲲. 基于人工智能技术的智能归档与管理模型系统平台构建研究［J］. 兰台世界，2022（08）：55-58.

[16] 王星宇. 人工智能技术在人事档案管理中的应用［J］. 黑龙江档案，2021（06）：128-129.

[17] 何文丽. 人工智能背景下档案信息服务的应用研究［J］. 黑龙江档案，2021（02）：30-31.

[18] 沙柳. 智慧档案馆建设中的人工智能应用与未来趋势［J］. 办公自动化，2023，28（16）：45-48.

[19] 陈会明，史爱丽，王宁等. 人工智能技术在档案工作中的应用与发展刍议［J］. 中国档案，2020（03）：72-74.

[20] 钱杰. 人工智能背景下档案管理智慧化服务体系的构建策略［J］. 内蒙古财经大学学报，2021，19（01）：147-149.

[21] 张军君. 人工智能在档案管理工作中的应用进展研究［J］. 江苏科技信息，2019，36（07）：29-31.